新编21世纪高等开放教育系列教材

家庭心理学

主　编　高　茜　安素芳

中国人民大学出版社

·北京·

图书在版编目（CIP）数据

家庭心理学 / 高茜，安素芳主编. -- 北京 : 中国人民大学出版社，2022.6
新编 21 世纪高等开放教育系列教材
ISBN 978-7-300-30206-5

Ⅰ.①家… Ⅱ.①高… ②安… Ⅲ.①家庭－社会心理学－高等学校－教材 Ⅳ.①C913.11

中国版本图书馆 CIP 数据核字（2022）第 010391 号

新编 21 世纪高等开放教育系列教材
家庭心理学
主编　高　茜　安素芳
Jiating Xinlixue

出版发行	中国人民大学出版社		
社　　址	北京中关村大街 31 号	**邮政编码**	100080
电　　话	010－62511242（总编室）		010－62511770（质管部）
	010－82501766（邮购部）		010－62514148（门市部）
	010－62515195（发行公司）		010－62515275（盗版举报）
网　　址	http://www.crup.com.cn		
经　　销	新华书店		
印　　刷	涿州市星河印刷有限公司		
规　　格	185 mm×260 mm　16 开本	**版　　次**	2022 年 6 月第 1 版
印　　张	10	**印　　次**	2022 年 6 月第 1 次印刷
字　　数	202 000	**定　　价**	32.00 元

前言 PREFACE

家庭心理学是以系统观为基础，对个体、夫妻和家人的相互关系及其广泛的活动环境中的思想、情感和行为进行研究的科学。本教材系统介绍了家庭视域下心理学的基础理论，介绍和分析了如何运用心理学知识解决家庭情境中的各类问题，以大量案例的形式引导学习者将理论学习与实践相结合，培养学习者解决家庭中遇到的相关问题的能力。

本教材内容分为六个主题，包括：心理学与家庭、人际关系、学会沟通、父母角色与亲子关系、婚姻关系、老年人与家庭。内容聚焦家庭情境下的心理学现象、问题、规律与方法论，将个体放在家庭这个大系统中，辨识个体与个体、个体与家庭环境的相互影响，引导学习者运用家庭心理学的观点和方法观察、解释家庭中的个体和群体行为问题。教材内容既注重知识的系统性与科学性，又注重知识的情景化应用，主题聚焦“亲子关系”“婚姻关系”“老年与老龄化”等家庭情境中的关键关系与问题，以帮助学习者运用家庭心理学的理论和方法来分析与解决家庭中遇到的相关问题。

本教材既适用于远程教育的学习者，也适用于对家庭心理学感兴趣的初学者。围绕六个主题，教材将学习内容设计为多个知识点，在每个主题前，会呈现“导引”“学习目标”“思维导图”，让学习者在进入学习之前能够对学习内容有整体系统的了解。除了主体内容外，本教材还设置“学前思考”和“练一练”等模块，为学习者搭建“学习脚手架”，真正实现“以学生为主体”的内容呈现。当你阅读这本教材时，仿佛有一位老师，耐心地引导你进入“家庭心理学”的世界。

本教材在编写过程中参考了大量资料，广泛借鉴了国内外众多专家、学者的研究成果，教材的出版也得到了北京开放大学和中国人民大学出版社的大力支持，在此一并致谢！

目录 CONTENTS

主题一

心理学与家庭

导引

生活中的心理学

试着去回忆一下，你平时是否有如下行为：

1. 每天睡前必须刷一遍微博；
2. 锁门后一定要反复推两下，确认真的锁上了才放心离开；
3. 换衣服时，一定要脱光了上身才会脱下身；
4. 喜欢坐在沙发的同一位置上；
5. 每餐吃固定的食物；

…………

这样的例子还有很多很多，从心理学上来解释，这种行为叫“强迫症”。事实上，轻微的强迫症完全可以看作是个人的一种习惯，只要不对日常生活产生影响就无须太过注意。可是，如果是重度的强迫症呢？那就会影响身心健康和生活质量了。通过学习心理学，你可以找到某种缓解或者解决强迫症的方法，从而能够更加轻松快乐地生活。

同学们好！欢迎来到家庭心理学的教学殿堂。相信同学们对心理学或多或少都有一定的了解。那么你们知道什么是家庭心理学吗？知道心理学与家庭心理学有什么关系吗？了解家庭心理学的发展状况吗？了解家庭心理学的研究方法吗？通过对本课程的学习，相信你们就能清楚地掌握这些知识了。

由于大家对家庭心理学尚没有一个系统的认识，因此本主题的课程教学内容主要是帮助同学们对家庭心理学形成一个整体的把握，了解其发展状况等。本主题的课程主要涉及家庭心理学的产生和发展、家庭心理学的研究内容以及怎样研究家庭心理学等相关的内容。

请大家在本主题学材的指引下，观看每个知识点的微课，并完成主题下对应的作业。只有按照要求完成上述所有环节的内容，你才算完成了本主题的学习任务。

学习目标

知识目标

学习完本主题内容后，你将能够：

- 解释什么是家庭心理学；
- 描述家庭心理学的发展历史；
- 解释心理学与家庭生活的关系；
- 举例说明家庭心理学的研究对象；
- 列举家庭心理学的研究方法。

思政目标

- 认同家庭领域心理学知识理解与应用的重要性；
- 追求科学真理，坚持理论联系实际；
- 强化家国意识。

接下来让我们一步步深入理解本主题的学习内容。首先，我们来熟悉一下本主题内容的整体框架。

思维导图

以下是本主题内容的整体框架以及学习这部分内容的思维过程规划。此图可以帮助你从整体上了解本主题内容的知识结构和学习路径，包括家庭心理学的产生和发展历史、家庭心理学的研究内容以及怎样研究家庭心理学。请你仔细品读和理解，帮助自己建立对本部分知识的整体印象。

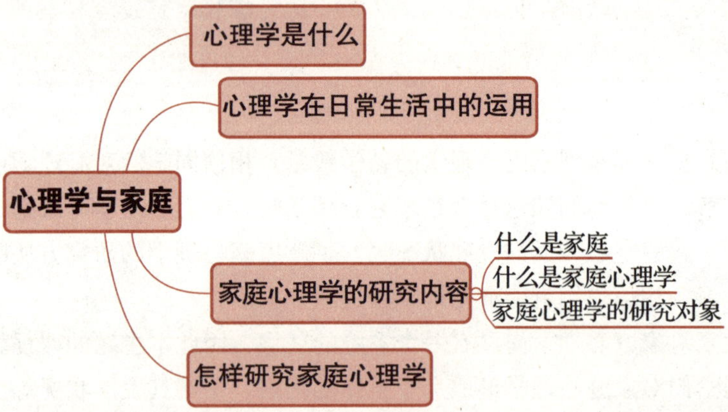

看完上面的思维导图后，你是否已经对本主题所要学习的内容以及如何学习这些内容有一个初步的整体印象了呢？接下来，我们在这个整体框架的指引下逐一学习每个知识点的具体内容。我们需要重点学习家庭心理学的研究内容，了解怎样研究家庭心理学。同时，在学完这些的基础上，要试着将它们与现实生活进行对接和思考，这样可以帮助你更好地内化所学知识点。

心理学是什么

知识点一　心理学是什么

学前思考

在学习心理学之前，我们先来看看日常生活中大家对心理学的一些认识上的误区：

1. 学心理学的人很神，能知道别人在想什么；
2. 心理学太“玄”了，没什么实际作用；
3. 心理学很难，学了也不一定能掌握，更别提应用了。

心理学不是巫术，它是通过客观的心理规律来认识和了解他人，学习心理学并不能使你了解别人的所有想法，但可以通过对一些规律性信息的科学解读，来对别人做出判断。

心理学的分支和流派有很多，其中只有变态心理学会涉及人格障碍和心理问题的内容，对于绝大多数学习心理学的同学而言，心理学只是帮助他们更好地认识和完善自己、了解并影响他人的一门学问，所以根本不用接触这些心理问题，也不会被影响。

心理学的流派很多，其中很多流派都跟我们的生活结合得非常紧密，除非你的工作和生活不太需要与人打交道，否则心理学都会对你有很大帮助。比如，适合销售的消费者行为心理学，适合亲子教育的发展心理学、儿童心理学等，它们会为你的工作带来全新的视角，甚至从根本上改善你的生活。

一、心理学的定义

心理学是指关于个体的行为及精神过程的科学的研究。它的组成有关键的三个部分：科学性、行为、精神过程。

（1）科学性要建立在依据科学的方法和原则收集到的证据的基础上。科学的方法是指用来分析和解决问题的有序步骤。这种方法用客观收集到的信息作为得出结论的事实基础。

（2）行为是有机体适应环境的方式。行为就是行动。心理学研究的主题在很大程度上是人类和其他动物物种的可观察行为。

（3）精神过程代表了心理学家探索的最重要的一方面。

二、心理学的目标

心理学基础研究的目标是描述、解释、预测和控制行为。

（一）描述发生的事情

心理学的第一个任务是对行为进行精确的观察。心理学家一般把通过这种观察所得的信息称为行为数据。行为数据是关于机体的行为和行为发生时环境的观察报告。在记录行为数据时要选择一个适宜的分析水平，来保证客观性。

（二）解释发生的事情

描述必须忠实于可知觉到的信息，而解释却需要谨慎地超越能够被观察到的现象，其中心目标是找到行为和心理过程的常规模式。

心理学的解释通常承认大多数行为都会受到一些因素的共同影响。有些因素在个体内部起作用，比如基因构成、动机、智力水平或自尊，行为的这些内部决定因素叫作机体变量或秉性变量。行为的外部影响因素叫作环境变量或情景变量。

（三）预测将要发生的事情

心理学中的预测是指对一个特定的行为将要发生的可能性和一种特定的关系将被发现的可能性的陈述。一个科学的预测是基于对事件互相关联方式的理解，它指出是什么样的机制把这些事件与特定的预测物联系起来。比如，一个因果预测就要详细地说明在什么样的条件下行为将会改变。

（四）控制发生的事情

如果一个对行为原因的解释能创造控制行为的条件，那么这个解释就是有说服力的。控制行为的能力很重要，因为它为心理学提供了帮助人们改进生活质量的途径。

综上，心理学家使用科学的方法对个体的行为和心理过程进行研究并得出结论。心理学家有这样几个目标：在适宜的水平上客观地描述行为，解释产生行为的原因，预测行为何时会发生，以及控制行为以改进生活质量。

三、心理学的研究领域

心理学是人类为了认识自己而发展起来的一门科学，人是心理学的研究对象。人类认识自我的过程是一个不断深入和完善的过程。心理学是跨学科的综合性知识，它从人的自然物质基础性、社会活动本体性、精神世界主体性三方面来研究人，其理论领域分支很多；同时，心理学在其发展过程中与其他应用领域融合，又延伸出不同的应用研究领域。

（一）基础性心理学

基础性心理学包括：普通心理学、实验心理学、发展心理学、比较心理学、社会心理学、生理心理学、认知心理学、人格心理学、变态心理学、心理测量学等。

（二）应用性心理学

应用性心理学包括：教育心理学、临床心理学、咨询心理学、工业和社会组织心理学、商业心理学、军事心理学、运动心理学、环境心理学、消费心理学、法律心理学、家庭心理学等。

心理学在日常生活中的运用

知识点二　心理学在日常生活中的运用

学前思考

有这样一则电视广告：一位家庭主妇在使用某产品时丈夫给予强烈的赞许和爱。丈夫温柔地对孩子说：“比利，你有一个特别的妈妈！”然后他把妈妈拥入怀中。

这则广告显示了消费心理学对于我们日常生活的影响，它利用个人情感状态影响消费者对产品的感情。请回忆一下，在日常生活中，你是否有过类似的经历？

接下来，我们去看看心理学在日常生活中的运用。

一、消费心理学

消费心理学指关于消费者行为所有方面的科学研究。我们每天都要对某些产品或服务的消费做出决定，我们持续受到收音机、电视、广告牌和印刷媒体广告的轰炸，所有这些都是为了影响我们的消费行为。我们进入商城，精心布置的产品、灯光和颜色会影响我们的行为，精致的产品包装本身就能吸引我们的注意力并影响我们的购物选择。

消费心理学提供消费者行为所有方面的研究及其他的指导，包括：我们如何改变消费者的购买态度和购物习惯；广告对消费者行为有什么样的影响；如何加强广告以增加产品的消费；什么营销策略包括促销计划在影响消费者选择上最为有效；如何提高品牌辨识度和品牌忠诚度；等等。

消费心理学涉及心理学内部几个分支的整合。马伦（Brian Mullen）和约翰逊（Craig Johnson）提出了消费者行为的总模型，整合了一些具体的主题。

（一）感知

感知对消费者行为的影响很关键，因为它是消费者意识产生的基础。要想让消费者意识到产品的存在，就要使其对产品或服务形成正确的感知。据统计，普通消费者每天要接触几千份收音机、电视、报纸、杂志、互联网和广告牌广告。例如，研究发现，在杂志或者报纸广告中，左上角的广告最受人关注。

（二）认知和记忆

如果消费者没有记忆，想法就不会付诸实践。记忆成为关键，认知是伴随着记忆的思维过程。认知的重要结果是信念的树立。

（三）学习

学习可以被描述为行为的相对永恒的改变，是学习或经验的结果。这是消费心理学家很感兴趣的一个话题，因为他们想知道消费者是如何学习改变自己对某些产品的行为的。另外，他们希望确认这些行为的改变是相对永恒的，不会轻易消失。在顾客将有利于品牌选择的行为学到之后，为了防止其消失，公司常常“奖励”顾客，在顾客购买产品时赠送他们一些小礼物，如购买洗涤剂时赠送洗碗布或饮水杯。

（四）情感

在消费者行为的语境中，个人情感状态会影响消费者对产品的感情。显然，心理学家非常感兴趣的是，这些对产品的感情是积极的还是消极的，以及这些感情是如何形成的。培养消费者对产品的感情的方法是使其不断地接触产品。就像我们在学前思考中所举的例子一样，通过将产品与某种愉快的刺激相配对，使积极情感形成条件反射。

（五）动机

消费心理学家研究产品如何满足已有需要，如饥饿、口渴等，或如何创造出原先没有的需要。前者如售卖软饮料，它是为了满足我们时常口渴的需要；后者如卖给我们并不是必需的新产品。

综上，消费者行为过程可概括为：意识到产品（感知），形成对产品的信念（认知），记住产品（记忆），形成对产品积极联想的条件反射（学习），培养对产品的积极感情（情感），最后变得需要该产品（动机）。

二、环境心理学

环境心理学研究环境与人类行为的关系。在人类与环境互动的过程中，环境既影响人类，也被人类所影响。例如，环境心理学家研究噪声和过度拥挤对行为的影响。他们常常与建筑师一起设计大楼，与城市规划师一起设计城市、公园、露天空间、动物园和博物馆。下面，我们来了解一下环境心理学在生活中的具体应用。

（一）噪声的影响

我们的环境越来越嘈杂。在大城市，交通、建筑和其他环境噪声不断轰炸着我们的感觉，商场、饭店以及加油站等似乎无处不在的音乐也影响着我们的情绪和行为。

环境心理学家广泛研究了噪声对行为的影响，成果相当复杂。有时，噪声似乎对我们的影响不大；有时，根据情况的不同，噪声要么促进、要么干扰我们完成任务。总的看来，只要噪声源是可预测的，人们就能够很快地适应噪声。例如，如果搬到车流量很大的公路旁边的房子居住，你很快就能适应并完全忘记公路噪声。但是，如果你生活在安静的社区，车辆临时绕道而产生的交通噪声会使你马上注意到并受到影响。

噪声还会影响我们的情绪。最常引起烦恼或恐惧的是不能预测的或过于喧闹的噪声。关于邻居噪声的研究发现，噪声的正常程度决定我们的反应。例如，夏天割草设备的声音通常不会令我们烦恼，因为这在该季节很正常。不过，早上八点钟在你窗户外的电钻声就令人难以接受了。越来越多的证据表明，长期接触噪声会伤害我们的身体和精神健康。儿童长期接触噪声易导致血压升高、无法集中精力、缺乏解决问题的毅力。

（二）拥挤和密度的影响

环境心理学家区分拥挤和密度的概念。拥挤是指心理感受，来自隐私丧失感或被迫靠近他人而产生的过度刺激。密度指的是每个人获得的生存空间的大小。

东京是世界上人口密度最大的城市之一，它的地铁以过度拥挤而出名。尽管如此，东京的犯罪率相比美国人口不那么拥挤的城市而言非常低。即使拥挤对人类行为的准确影响还有待评估，我们也可以认定，总的来说，拥挤使我们失去控制周边环境的能力时，确实造成了高度紧张。

密度对心理的影响，部分是由你与你所接近的人的关系来决定的，比如你觉得拥挤的电梯或地铁很不舒服，却发现同样拥挤的舞会让人很愉悦。

三、建筑心理学

建筑心理学是一个成长中的学科，它将心理学和建筑学紧密融合，以设计出克服过度拥挤问题的建筑。在许多案例中，现存空间无须真正增加可使用的总体空间即可重塑，以减少过度拥挤的感觉。例如，某研究比较了生活在不同宿舍的学生的情况，有 40 名学生住在有传统的中心长廊的宿舍里，房间排列在走廊两侧；在另一个类似的宿舍里，研究员将走廊分成两半，在走廊里安装没有锁的房门，将三个中心卧室改成休息室。学年末，改装宿舍的学生称拥挤的压力减少，交到了更多的朋友，与其他舍友的联系增加。相比之下，传统宿舍的学生感到拥挤，对待其他舍友也没有那么友好。建筑心理学通过改变室内设计，包括房间安排，改善了许多公司、公寓楼、医院、学校甚至监狱的生活环境。

四、教育心理学

教育心理学处理教与学的问题。多数情况下，教育心理学家关注的是在教室背景下学龄儿童的学习问题，但其他背景下的学习问题也是其研究的对象。对许多职业来说，学习是终身的活动，法律和医学领域的继续教育是必需的，工业领域和军队也不断地对人员进行培训。即使有不需要额外培训或教育停滞不前的行业，其数量也是微乎其微的。既然多数教育心理学家研究的是学龄儿童，本节就将重点放在这个领域上。下面是该领域研究的一些主题。

（一）学习能力和教学策略

教育心理学家关注学习能力和学习风格对个体差异的作用以及它们是如何影响教学过程的。他们研究最适合各种能力水平的学生——从有发展障碍的学生到天才学生的教学技巧。他们还设计适于有特殊学习要求的学生的教学策略，如学习问题、生理和感觉失调、交流失调以及情感或行为失调。

（二）跳级

是否应该鼓励天才学生跳级呢？一般认为是不行的，因为孩子还小，缺乏与大孩子交往的社会技能。人们普遍认为跳级的学生不幸福，因为他们在生理和情感上都没有准备好跟大孩子打交道，特别是在以后更高的年级里。但研究结果恰恰相反，跳级的孩子和没有跳级的孩子调整得一样好，甚至更好。

（三）排顺序

在小学阅读课上，老师应该采取什么方法让学生积极参与呢？一般都建议老师随机点名，这样每个孩子都有机会参与。而且，这样孩子们可以跟随课堂进度认真听讲，因为他们不知道什么时候会被点名起来读书。但研究认为，让孩子坐成一圈，老师按顺序点名比随机点名更能促进孩子阅读成绩的提高。

这些教育心理学的研究发现表明，在心理学中，“常识”常常得出错误答案。

五、管理心理学

管理心理学也可称为组织管理心理学或行为管理学，是一门研究组织中人的行为与心理活动规律的科学。管理心理学对于在企业管理中激发个体积极性、增强群体凝聚力、提高领导力、促进组织变革等有着重要的作用。下面重点介绍管理心理学领域的两个著名理论以加深同学们对该领域的认识。

（一）麦格雷戈的人性假设理论

人性问题是管理心理学的重要研究领域。著名管理心理学家麦格雷戈曾在《管理理论 X 或 Y 的抉择——企业的人性面》中总结归纳了 X 理论、Y 理论。

人性假设的 X 理论认为：大多数人生来懒惰，总想少干一点工作；一般人都没有什么雄心，不喜欢承担责任，宁可被别人指挥；多数人的个人目标都是与组织目标相矛盾的，必须用惩罚的方法才能迫使他们为达到目标而工作；多数人工作是为了满足基本的生理需要和安全需要，只有金钱和地位才能鼓励他们努力工作；人大致分为两类，多数人都是符合上述条件的人，另一类是能够自己鼓励自己、能够克制感情冲动的人，这些人应负起管理的责任。

人性假设的 Y 理论认为：人在工作中消耗体力和智力是极其自然的事，就像游戏和休息一样；促使人朝着组织目标而努力，外力的控制和惩罚的威胁并非唯一的方法，人为了实现其自身已经承诺的目标，自然会实行自我监督和自我控制；人对目标的承诺，是为了目标达成后得到的报酬，这种报酬的项目很多，其中最重要的是自我需要和自我实现的满足；只要情况适宜，一般人都不但能学会承担责任，而且能学会争取责任；以高度的想象力和创造力来解决组织中问题的能力，不是少数人才具有的能力，而是大多数人都拥有的能力；在现代企业中，常人的智慧潜能仅有一部分被利用，大部分都尚未被开发。

（二）领导行为模式理论

1985 年，贝斯提出了三种领导行为模式：交换型、魅力型、变革型。交换型领导行为模式的基本假设是：“领导-下属”间的关系是以两者一系列的交换和隐含的契约为基础的。该种类型的领导以奖赏的方式领导下属，当下属完成特定的任务后，便给予承诺的奖赏，整个过程就像一场交易。魅力型领导者具有努力改变现状、目标远大、自信心强、善于表达、超凡行为、对环境变化敏感、创新开拓、具有人格魅力等人格特征，并且这些特征可以通过训练习得。变革型领导行为模式是一种建立在交换型和魅力型领导行为模式基础上的新模式。变革型领导行为是一种领导向员工灌输思想和道德价值观，并激励员工的过程。在这个过程中，领导除了引导下属完成各项工作，还常以领导者的个人魅力，通过激励下属、刺激下属的思想、关怀下属去变革员工的工作态度、信念和价值观，使他们为了组织的利益而超越自身利益，从而更加投入地工作。

除了以上介绍的这些，心理学在我们日常生活中的应用还体现在很多方面。心理学的内容如此丰富，它吸引了兴趣各样的人们。如果你对孩子们感兴趣，那可以选择教育心理学作为你的职业；如果你喜欢商业和贸易，可以尝试着研究工业/组织心理学；如果你喜欢数学和工程，那么人因心理学可能是你想要探索的应用心理学分支。

知识点三　家庭心理学的研究内容

家庭心理学的研究内容

学前思考

“父母应该比孩子行使更多的权威和权力，年长儿童应该比他的弟妹有更多的责任和特权”“丈夫扮演工具性角色，妻子扮演情感表达性角色”……有些观念根深蒂固地存在于家庭成员的观念中，具有持续不断且抗拒改变的倾向，从而形成一套稳定的家庭结构。

家庭需要某种形式的内部组织或者说是一套操作规则来完成它的功能。家庭结构类型有哪些？家庭的功能是什么？家庭生命周期是如何发展变迁的？这些问题都是家庭心理学研究的核心内容。

本部分内容将带领大家一起学习家庭心理学的研究内容，需要大家重点学习家庭心理学的定义、家庭心理学的研究领域以及相关的基本问题等知识。

一、什么是家庭

家庭是人类最基本的社会组织。家庭首先作为一个经济单位，一个生产、繁殖单位而存在，它保证了人类生存、发展的基本需要，即恩格斯所说的两种生产：生活资料的生产和人自身的生产。对于儿童、青少年而言，家庭是人生的第一所学校，父母是第一任老师，儿童社会化的最初阶段都是在家庭中完成的，即便在进入学校和社会后，家庭仍然发挥着不可替代的教育功能。

从历史上看，家庭经历了从血缘家庭、亚血缘家庭、对偶家庭直到一夫一妻制家庭的演变。家庭是基于婚姻、血缘或收养关系而形成的生活共同体，其成员分别担当不同的社会角色，共同承担义务并结成互助关系。婚姻关系和血缘关系（或收养关系）是家庭的基本关系，婚姻是家庭的起点，也是社会为男女双方约定的永久地共同担负抚育子女责任的契约，血缘关系是婚姻关系的衍生物。费孝通先生认为“一个完整的抚育团体必须包括两性的合作。两性分工和抚育作用加起来才发生长期性男女结合，配成夫妇，组成家庭”。

在相当长的时期里，家庭都是社会的细胞，具有生产、抚育、情感、娱乐、赡养等多种功能。随着时代的变迁，现代社会中家庭的功能日益萎缩，有些家庭功能被社会机构所取代，家庭生活日益简单化。作为个人与社会的中介，家庭的地位也有所弱化，在基本生活场所方面个体拥有了多种替代选择，而非只能局限于家庭。但是就中国而言，传统的“家本位”文化依然有着强大的影响，这表现为中国城乡普通老百姓仍把对家庭的责任看成是与自己生命始终相随的最重要的事情。家庭的教育功能并非一成不变，但不能否认家庭对儿童的成长极其重要，因为家庭是儿童的出生地，也是其最早生活和成长的地方，儿童最初的社会化是在家庭中完成的。同时，家庭是儿童走向社会的桥梁和纽带，儿童通过家庭了解社会并从家庭走向社会。

二、什么是家庭心理学

广义的家庭心理学作为一种关于思维、研究和实践的学科，在心理学中早已存在。但是，直到 1985 年，它才成为美国心理学会的第 43 个分支；两年后，《家庭心理学期刊》创刊，家庭心理学才正式得到主流心理学的认可。

家庭心理学的研究对象是个体、夫妻和家人在相互关系中以及在他们活动的广泛的环境中的情感、思想和行为。家庭心理学的研究范围相当广泛，包括家庭理论、研究、评估、训练、督导及治疗；婚前、婚姻、离婚及再婚的咨询；药物、酒精滥用；法庭家庭心理学；离婚协调；虐待小孩、配偶或老人；政府的家庭政策；儿童及老人的家庭心理学；家庭与工作、教育、健康及疾病；家庭暴力等。

考虑到家庭的历史和当前的环境，家庭心理学的研究包括家庭的历史形态，变异，跨越时间、空间与代际差异的结构与功能，种族，文化，社区，学校，保健系统，以及其他的相关资源。家庭心理学非常强调研究的生态效度，它不排除任何文化的、种族的、环境的因素，而是将研究建立在家庭及其所处的实际情境的基础上。家庭心理学研究的目的是期望通过对家庭功能、结构及动力知识的发展、应用及传播来提升人类的幸福。家庭心理学的研究既强调理解又强调应用，即不仅要理解家庭运作的过程，更要进行临床的干预。

三、家庭心理学的研究对象

（一）家庭生命周期

家庭就像一个生命一样，都有从诞生到消亡的过程。这个过程被称为家庭生命周期。家庭生命周期各个阶段并不是孤立的，而是在家庭生命历程中前后相继、递次出现的。

家庭阶段的划分标准有多种，在家庭心理学中，主要采用的是卡特（Carter）和麦戈德里克（McGoldrick）的家族生命周期六阶段模型。他们将家庭生命周期划分为6个阶段。第一阶段是年轻人离开家庭。一个人成为成人的首要任务是离开家庭获得独立，包括情感上的独立和经济上的独立。第二阶段是结婚组成新的家庭。一对年轻的男女，从认识、交往、订婚、举行婚礼，到成为夫妻，便开始组建他们的新家庭。即便婚后年轻人仍继续与父母共同居住，但在心理与行为上可以认为他们已经与原生家庭分开，开始以他们为主的家庭生活。这个阶段的主要变化是要形成“新家”的概念。第三阶段是孩子降生。随着孩子的降生，家庭的关系便进入养育子女的新阶段。这个阶段的主要任务是接纳新成员进入家庭系统。第四阶段指有青少年孩子的家庭。在此阶段，家庭要在根本上重建家庭成员之间的相互作用过程，这一切都是要让青少年更加独立。第五阶段是孩子离家。这一阶段的主要变化是接受其他人进入或离开家庭系统。第六阶段是步入晚年。在这个阶段，主要变化是接受代际角色的转换，处理自己和配偶身体状态变差时的功能和兴趣，探索新的家庭和社会角色的可能，更多地支持中生代的中心角色等。

杜瓦尔按照家庭发展的主要阶段，把典型的美国中产阶级家庭的发展分为八个阶段：

（1）没有孩子的新婚夫妇；

（2）养育孩子的家庭（最大的孩子30个月）；

（3）拥有学龄前儿童的家庭（最大的孩子30个月～6岁）；

（4）拥有学龄期儿童的家庭（最大的孩子6～13岁）；

（5）拥有青少年的家庭（最大的孩子13～20岁）；

（6）孩子纷纷离开的家庭（最大的孩子到最小的孩子纷纷离开家庭）；

（7）中年父母家庭（家庭空巢～夫妇退休）；

（8）老年家庭（退休～夫妇双双死亡）。

总的来说，家庭生命周期的不同阶段有特定的、不同的发展性任务。有些任务是普遍的，比如孩子出生之后，父母与孩子之间建立亲子关系，但有些任务是特定文化所具有的。在整个家庭生命周期中，发展任务决定着新的角色期望。在家庭生命周期从一个阶段走向下一个阶段时，由于家庭未能及时调整以适应新阶段的要求，可能造成家庭问题。家庭生命周期论者认为，特定阶段存在发展困难的家庭可能只是表现出暂时的脆弱，不一定就是功能失调。如果家庭能够正视问题，积极沟通，适当转变角色，就能顺利渡过转换期。

（二）家庭功能

家庭功能，是指家庭在人类生活和社会发展方面所能起到的作用。了解家庭的功能，能更充分地发挥家庭在各方面的作用，从而促进生活质量的提高，促进社会的协调进步。

1. 生物功能

家庭一直承担着生育子女、繁衍后代的任务。两性通过婚姻，生育并抚养子女。生育子女的功能是为了新陈代谢，保持与个人生活攸关的社会结构的完整性。人类之所以跟动物不一样，是人类组成了社会，一个人的生活必须依靠社会中每个人之间的相互配合和分工体系。但每个人都会衰老、死去，就需要生育产生的新一代来保证社会的新陈代谢和结构完整。而家庭正是承担了这一任务，通过生育子女、繁衍后代来维持社会的更替。

2. 抚养和赡养功能

家庭在担当生物功能的同时，也担负了抚养的职责。父母对子女有供养的义务。家庭成员之间也表现出相互供养、给予生活援助的关系。子女对父母也有养老的责任，这是代际之间的相互抚育和照应。家庭养老包括经济上的赡养、生活上的照顾和情感上的交流三个方面。在传统的农业社会，家庭的生活与生产单位合二为一，这样的社会条件使家庭养老成为最根本、最主要、最普通的养老方式。即使在现代社会，由于社会保障制度的建立，老年人的收入和医疗保障应该基本由社会提供，生活服务主要由社会各类专业部门或志愿组织来承担，但家庭的养老功能还是很重要，尤其交互的亲情是社会组织所无法提供和保障的。所以只要家庭存在，便仍将保留一些养老的功能。

3. 教育和社会化功能

家庭教育和社会化主要指父母对子女的教育，以帮助其实现社会化。社会化是人通过各种教育途径，学习社会知识、技能和规范，从而形成自觉遵守与维护社会秩序、价值观念和行为方式的过程。家庭是儿童社会化的第一场所。童年期是人的一生中社会化的关键时期，在此时期，家庭担负着主要的社会化责任。由于父母和子女之间的亲情关系，家庭对儿童的社会化教育具有自然性。家庭教育通常又是直接在日常生活中进行的，因而又具有潜移默化的作用。

家庭对儿童的社会化教育的内容包括学习生活知识、学习社会规范、培养性格情操、协调人际关系、指导生活选择等各个方面。同时，儿童从一出生起就因为家庭的种族、阶级、宗教、地域等特征而自带了一种角色设定，这一点将对儿童以后的社会化和社会生活产生重要影响。

4. 经济功能

家庭的经济功能包括家庭中的生产、分配、交换、消费，它是家庭功能的物质基础。在古代，家庭曾经是生产劳动的组织单位，从原始社会末期家庭出现开始，一直到传统农业社会，家庭既是生活单位，也是生产单位，以家庭为单位组织生产活动，家长是生产劳动的组织和领导者。进入工业社会之后，家庭不再拥有工业生产所需要的机器等设备，这时候家庭就不再是生产单位。不过家庭仍然有经济功能，家庭中的消费用品由全体家庭成员共同拥有和享用。家庭人口和收入数量决定了家庭的消费水平，家庭的支出方式、项目和权重决定了家庭的消费方式，社会消费的基本特点之一是以家庭为单位的收入和支出的核算。

5. 情感交流功能

情感交流是人的心理需求之一。情感交流是家庭精神生活的组成部分。对于人来说，各种心理态度的生成、人格的发展、感情的慰藉和精神的寄托都离不开家庭。

（三）家庭结构

事物的结构主要是指事物内部各个部分之间的关系。一个家庭由多个成员组成，那家庭结构就是指家庭中成员构成及其相互作用、相互影响的状态，以及由于家庭成员之间不同的关系而形成的联系模式。

家庭结构主要包括两个方面的要素：一是家庭人口要素，二是家庭代际要素。人口要素、代际要素的组合，形成不同的家庭成员之间相互联系的方式，因而形成不同的家庭结构模式。社会中的家庭非常多，虽然基本都是以婚姻关系为基础，但由于家庭结构的不同，家庭与家庭之间又有很大的差异。

根据我国目前的社会现状，大多按照家庭的代际层次和亲属关系来进行划分。费孝通先生在《三论中国家庭结构的变动》中对中国家庭结构的类型进行划分：第一类家庭是残缺家庭，即夫妇核心中因一方或双方死亡或离去而残缺的家庭；第二类家庭是核心家庭，即一对夫妇核心及其未婚子女组成的家庭；第三类家庭是主干家庭，即一对夫妇与一个已婚的子女组成的两代重叠的多核心家庭；第四类家庭是联合家庭，即多个子女成婚后不独立成家与父母同住形成的同胞多核心家庭。这体现了中国家庭以“亲子关系”为核心的特点。

在最近几十年，由于两性关系和家庭价值观的变化，传统的家庭模式受到了极大的冲击，特殊家庭的类型和数量都有增多的趋势。快速变化的观念也使得人们对“家庭”的认识不断发生变化。

（四）代际关系

代际关系“代”具有两重属性：自然属性与社会属性。自然属性强调年龄特征；社会属性主要指价值观和行为方式的取向，这是代的本质特征。徐征、齐明珠认为可以从三方面来理解“代际”一词：一是从纵向的历史角度来考察不同代人，即不同的人口（出生）队列；二是家庭内部的代际，即个人在家庭中所处的“代际”位置；三是每个人在一生中所经历的不同年龄段，如青年、中年和老年。这里的代际关系具有宏观和微观两个层面的含义，宏观层面指社会范围内不同代之间的关系，微观层面指家庭内部不同代之间的关系。

徐安琪将家庭中的代际关系界定为亲子、婆媳或岳婿间的互动关系。王树新、马金给出了代际关系的详细定义，即代与代之间通过资源的分配与共享、情感的交流和沟通以及道德义务的意识与承担等诸多中间媒介发生的这样或那样的联系。

王跃生教授对代际关系做了比较全面的定义，他认为家庭代际关系是亲子代际义务、责任、权利、亲情和交换等诸种行为和功能的复合体，是具有血缘关系（或收养关系）成员的纵向关系体现，是不同代际成员之间的双向关系。亲子关系是家庭代际关系的核心、纽带和基础。

怎样研究家庭心理学

知识点四　怎样研究家庭心理学

学前思考

家庭心理学作为心理学的分支研究领域，在方法论原则、研究设计和研究方法方面，遵循心理学研究的基本研究原则与方法。但由于其研究对象的特殊性，家庭心理学的研究也呈现出属于该领域的特点。

想一想，针对家庭心理学领域的现象和问题，该如何开展研究呢？

本部分内容将带领大家一起学习怎样研究家庭心理学的相关内容，需要大家重点学习家庭心理学的方法论原则、研究设计、主要的研究方法等相关知识。

一、家庭心理学的方法论原则

家庭心理学属于心理学，因此心理学研究发展中已积累起来的一些公认的原理、原则（如物质决定论原则、反映论原则、意识能动论原则、意识与活动统一原则、系统原则、发展原则等）都适用于家庭心理学。但家庭心理学由于研究对象的特殊性，还应遵循自己某些特有的方法原则。不遵循这些方法原则，即使具体方法、技术的采用看起来科学，其研究的结论也有可能出现错误，甚至导致消极的社会后果。其中特别值得重视的是以下几个原则。

（一）客观性原则

客观性原则也叫实事求是原则，即按照事物的实际表现（客观指标）去揭示其内在的本来面目（本质、结构、联系与规律等），而不加任何主观臆断或歪曲。任何科学研究大致都要经历如下过程：（1）从事实出发，通过观察发现问题，借助联想与思考初步了解问题的性质、探讨的意义与是否已有人研究；（2）依据已掌握的理论进行推导，或凭直觉对问题产生的原因提出理论假设，或对其因果提出预言；（3）通过实验或其他方法、途径收集事实证据，用客观事实来检验、印证假设或扩充、修正理论。由于研究过程总是需要研究者的头脑展开主观活动，特别是心理学的研究对象具有内隐性，如果研究者不能保持实事求是的意识与严谨的态度，不了解哪些是真正的客观方法或怀有急于求成、过分自信及极度维护自尊等杂念，都足以影响到研究结果的客观性或真实性，所以在科学研究特别是家庭心理学研究中，坚持客观性原则颇为重要。

（二）分析与综合原则

把复杂事物分解为简单的组成部分和把各部分联合成为统一的整体，是任何科学深入认识其对象的有力手段。在心理学研究中贯彻分析与综合的原则，包括以下两层意思：其一，心理、意识虽然是很复杂的现象，但可以通过剖析将其分解为各种形式进行专门的考察研究，而后通过综合将其看成是有机联系的整体加以理解；其二，在研究某一种心理形式与现实条件的依存关系时，也可以分别考察某一条件在其中所起的作用，而后将其揭示的各种规律加以综合运用。综合的观点在心理学中也可以称为系统论的观点，因此这个原则也被叫作系统性原则。

（三）宏观与微观相统一原则

宏观与微观是从不同的视角所见各种事物的大小范畴。这里主要是指和家庭心理有关的两种生活领域：一是广大社会（如一个民族、一个国家、国际社会或全世界），其中包括生产力发展水平和生产关系相适应又矛盾的情况，经济基础与上层建筑的关系，不同的社会制度、文化与一定的意识形态等现象；二是个人生活在其中的具体社会小群体，其中包括生活、学习或工作的条件，人际交往和人际关系，以及心理的交互作用等。前者对后者有决定性的影响，但两者之间不能画等号，比如在优越的社会中，大部分小群体是好的或较好的，但也有不良的小群体和侵犯行为；同样地，在某些社会中虽存在一些和谐的小群体和助人行为，但不能说这个宏观社会就一定是好的。前者是社会学研究的主要领域，后者是家庭心理学研究的主要领域。在研究家庭心理学现象时，既要着眼于微观的群体作用，也要注意到宏观社会的某些影响。在探索个体或小群体的现象时，其发现的心理规律可能对解决群体中的某些问题有帮助，因而对宏观社会有间接影响；但不要简单地把它搬用到不同质的宏观社会，否则就要犯社会学中心理学主义的错误，即用心理原因代替社会自身发展规律的错误。

（四）伦理性原则

在家庭心理学实验中，研究者会遇到一些伦理问题，此时必须遵守下述的一些原则：自愿参加原则、接近真实生活原则、有利于研究设计原则、自由终止原则、充足补救原则。

二、家庭心理学的研究设计

（一）现象描述性研究

现象描述性研究是指对个体和群体的社会行为或现象进行科学、客观、精确的描述。该类研究以经验为研究对象，包括客观经验和主观经验，强调对现象的如实描述，坚持整体性原则。

（二）相关研究

相关研究是指考察两个或多个变量（现象）之间的相互关系，以揭示一个变量是否受其他变量的影响，以及影响的性质和程度如何。相关常用相关系数来衡量，相关可分为正相关、负相关和零相关。相关研究的优势在于：有一些问题，无法控制实验条件，因此只能用相关的方法加以研究；而且，用此方法可以收集到比实验法更多的资料。其最大的缺陷在于：不能说明因果关系，主要是因果关系的方向无法确定，有时候两个变量之间有中介因素存在；而存在相关关系并不能说明一定存在因果关系。

（三）验证性研究

验证性研究是指确定不同变量之间的因果联系，验证假说。

三、家庭心理学的主要研究方法

（一）档案分析法

档案分析法是指根据一定的目的，收集各种现存资料，借以揭示特定社会行为和心理现象与某些社会条件之间的依存关系的一种方法。这些资料包括新闻评论、病历、日记、运动统计数据、个人广告等。

档案分析法的优点是：（1）它是一种不被觉察的非反应性的方法，因此不存在被试意识到自己被研究而产生的心理干扰；（2）它使对一段时期内社会心理趋势的估计，对往事的追溯与探源，对若干课题研究的跨文化比较成为可能；（3）它有助于某些假设的检验，有时也能提供因果关系研究的线索。

档案分析法的缺点是：（1）难以得到充分而足以检验假设的材料，且一些材料也可能包含编者的偏见所导致的歪曲性内容；（2）工作量大，耗时耗资多（电脑的利用使之稍有缓和）；（3）分析有赖于分析者正确的抽样方法和较强的抽象、概括及发现的能力，否则难以得出一般性结论；（4）由于社会现象的多因性，用档案分析法得出的结论一般只能表明两种现象有无关联，却不能说明它们是否存在因果联系。

（二）调查法

调查法有以下三种类型：问卷法、测验法（主题统觉测验法、罗夏克墨迹测验法、作业投射法）、访谈法。调查法的优点是：采用被试自我报告的方式，可以使用有代表性的样本，简单易行，可以收集到大量的资料。其缺点是：过分依赖自我报告，而自我报告有时候并不正确；而且有时候由于社会赞许效应等原因，人们的回答并不反映其真正的想法。

为了使调查结果更加可信，调查的设计以及对结果的解释就要采用科学的方法。在调查问卷的设计上，情境、措辞等都需要谨慎考虑。调查人员要经过一定的训练；对于样本的代表性问题，需要知道自己要研究哪个群体的态度，所选的样本在年龄、性别等重要特征上要与总体类似或能代表这个总体，要获得这种代表性，最好用随机抽样的方法。

（三）现场研究

现场研究是指研究者亲临被研究情境——现场，对一定被试的某些行为有目的、有计划地进行系统观察的一种研究方法。这种观察一般是非参与的，即研究者作为旁观者采取一定手段，也可结合问卷定期对有关现象进行观察与了解，或通过交叉蹲点进行比较。20 世纪 30 年代拉皮尔的研究就是典型的现场观察调查。目前较为流行的是参与观察，即研究者作为群体的成员与参与者，与其他成员共同生活、频繁接触与交谈，以获取更多真实的材料并观察事件的动态发展，然后通过分析得出结论。

现场研究是研究者为了克服实验室研究外部效度低的问题而发展出来的一种研究方法，因此，其外部效度高，研究结果可以推广到生活中；也可以处理实验室中无法操纵的变量。除此之外，它还有以下优点：（1）通过观察所获材料真实并有深度，这有助于新事实的发现；（2）更关注人们的行为、群体情境及相互作用的活动，克服了许多由于研究者不善或不愿描述而歪曲实情的困难；（3）采用参与观察法，研究者的本来身份不易被觉察，因而可以消除或减少被访谈者常有的人为紧张感或唐突感，从而保证了材料来源的多样性与真实性。其缺点是：（1）它要考察的有关现象往往要等待其自发出现，而不能靠研究者的意愿去引发，有时还会遇到意外的干扰而无法完成考察任务，所以在时间与精力上往往花费较多；（2）社会现象的发生是多因的，考察者所把握的因素是否全面或是否为主要原因，常常有赖于其分析素养，但更多的还是决定于相关研究方法本身的局限性。

（四）现场实验

现场实验是指在真实的生活情境中进行的有控制的实验。

在现场实验中，被试常常是街头巷尾、商店、地铁、法庭中随机找到的人，他们一般不会意识到自己是在进行实验或充当被试者。尽管实验者对实验街区、地点或接受实验的被试的身份、种族、年龄等是有意选择的，其实验的设计是按预定方案来进行的，其结果也要经过统计学的处理，但由于它摆脱了实验室实验的人工性，所以具有较高的外部效度，即研究结果有更大范围的适用性。

（五）模拟实验与实验室实验

模拟实验是指在实验室创建一个模拟实际社会生活的环境，并在其中进行有控制的实验的一种方法。模拟实验最大的优点是：对客观环境中难以进行控制或操纵的社会现象（如犯罪、法庭审判、监狱拘禁、国际仲裁等），通过巧妙的模拟可以使研究成为可能，并对其中的心理与行为机制获得更多的理解。如果设计得好，条件允许，还可以重复进行，以保证结果的稳定性。其缺点是：（1）由于它是在人为的环境中进行的，即使设计十分逼真，被试也都知道自己是在被人当作研究对象，这种意识本身将不同程度地影响其心态与行为的真实表现。（2）它对变量的控制与操纵并不十分严格，因此所得的结果只表明与几种因素可能有关，而不可能是结论性的（或说明是因果关系）。

实验室实验则直接以实验室环境作为实验情境。其优点是：对实验情境的控制程度高，因而内部效度高，并且方便经济，以此为基础的实验家庭心理学是当今西方家庭心理学的主流。其缺点是：实验情境不等同于现实生活，因而结果难以推论到实际生活情境中去。

练一练

单选题：现场研究是指（　　）。

A. 在真实的生活情境中进行的有控制的实验

B. 研究者亲临被研究情境，对一定被试的某些行为有目的、有计划地进行系统观察的一种研究方法

C. 根据一定的目的，收集各种现存资料，借以揭示特定社会行为和心理现象与某些社会条件之间依存关系的一种方法

D. 在实验室创建一个模拟实际社会生活的环境，并在其中进行有控制的实验的一种方法

解析思路：

A 选项：在真实的生活情境中进行的有控制的实验是现场实验；C 选项：根据一定的目的，收集各种现存资料，借以揭示特定社会行为和心理现象与某些社会条件之间的依存关系的一种方法属于档案分析法；D 选项：在实验室创建一个模拟实际社会生活的环境，并在其中进行有控制的实验的一种方法属于模拟实验。

因此，本题应选 B。

主题二

人际关系

导引

“哦，朋友，这就是我的肺腑之言。因为有了你，蓝天才广阔无垠；因为有了你，玫瑰才火红艳丽。”这热情的诗句表达了爱默生对于友谊的赞美。美妙的友谊是人际关系中的一部分，那完整的人际关系又是怎样的呢？本主题将带领同学们进入人际关系的网络中，让你不仅可以从宏观上把握人类的人际交往，也可以从微观细节处去体验人际交往关系。

本主题主要讲述的内容包括：人际吸引、亲密关系、爱情。通过本主题内容的学习，你可以掌握发展良好人际关系的方法，了解不同类型的爱情，从而把握人际交往的方法和规律。

请大家在本主题学材的指引下，观看每个知识点的微课，加深对理论知识的理解，并试着将其与我们生活中的人际关系相联系。然后，在规定时间内完成本主题作业。只有全部完成上述各项内容，你才算完成了本主题学习任务。

学习目标

知识目标

学习完本主题内容后，你将能够：

- 阐述人际吸引的原因、基本原则以及影响人际吸引的因素；
- 解释什么是亲密关系以及如何维持亲密关系；
- 描述爱情的定义、分类、行为与感受等。

思政目标

- 理解亲密关系与和谐家风建设的关系；
- 养成健康积极的人际交往行为；
- 尊重他人，营造和谐的人际交往氛围。

接下来让我们一步步深入理解本主题的学习内容。首先，我们来熟悉一下本主题内容的整体框架。

思维导图

以下是本主题内容的整体框架以及学习这部分内容的思维过程规划。此图可以帮助你从整体上了解本主题内容的知识结构和学习路径，包括人际吸引、亲密关系、爱情等内容。请你仔细品读和理解，帮助自己建立对本部分知识的整体印象。

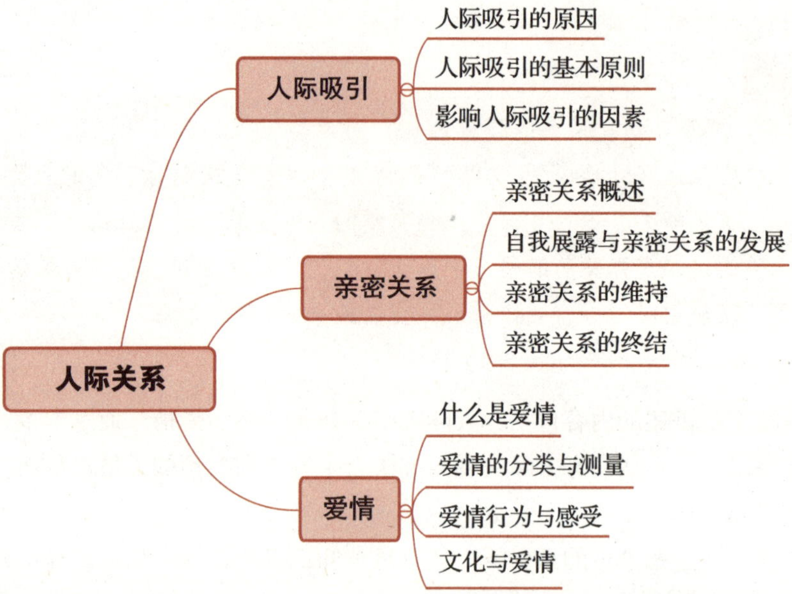

看完上面的思维导图后，你是否已经对本主题所要学习的内容以及如何学习这些内容有一个初步的整体印象了呢？接下来，我们在这个整体框架的指引下来逐一学习每个知识点的具体内容。我们需要重点学习人际吸引和亲密关系等方面的内容。同时，在学完这些的基础上，要试着将它们与生活、工作中的某些案例进行对接和思考，这样可以帮助你更好地内化所学知识点。

人际吸引

知识点一　人际吸引

学前思考

1968 年，心理学家安德逊研究指出，在人际关系中最受欢迎的十项人格特质依次排列为：诚恳、诚实、理解、忠诚、可信、可靠、聪明、关怀、体谅、热情。

中国有个成语叫“惺惺相惜”，是指性格、志趣、境遇相同的人互相爱护、同情、支持。

中西方观点碰撞凸显出，人际交往过程中会涉及人格特质、兴趣爱好等各种因素。请大家在学习之前思考一下，你会与什么类型的人成为朋友？哪些因素会影响到人与人的交往呢？

人际关系是人们在人际交往过程中所结成的心理关系，它表现为人们对他人的影响与依赖。与他人建立良好的人际关系是人类社会生活中最为重要的任务之一，众多的心理学研究表明，与他人建立良好的人际关系，不仅可以使我们克服生活中的寂寞，而且人际关系所提供的社会支持对我们的身心健康有着不可替代的影响。对中国人来说，人际关系更是被放在一个重要的位置上，这种对关系的强调有它好的一面，比如由于强调与他人的联系，中国人比较强调团体的利益与和谐；但另一方面，这种对人际关系的强调又容易使人们在任何事情上都依赖关系，从而使整个社会受到损害。在这一主题里，我们将从心理学研究的角度论证分析人际关系问题，主要讨论人际吸引和亲密关系以及爱情等问题。

人是社会性的动物，与他人进行有意义的交往是人类社会生活的前提。心理学家 Baumeister（1995）等人指出，归属的需要（need for belong）是人类最重要、最基本、最广泛的社会动机。Larson（1981）在研究人们的时间利用时也发现，人们大部分的时间都与他人在一起（青少年 74%，成人 71%），并且和他人在一起的时候，个体表现得更快乐、警觉和兴奋。Waal（1989）对大猩猩和猴子的比较研究显示，这种亲和需求存在着生物基础，也就是说，人们寻求与他人交往、交朋友并进一步发展成为亲密关系的倾向源于自身生存的遗传特质，为了生存，人们需要和他人交往。

一、人际吸引的原因

（一）人类天生就具有亲和动机

Atkinson（1954）、Mc Adams（1980）等人认为，有两种动机影响人们的社会交往：一是亲和需求（the need for affiliation），它是指一个人寻求和保持许多积极人际关系的愿望；二是亲密需求（the need for intimacy），指人们追求温暖、亲密关系的愿望。这两种动机合称人类的亲和动机，即人类和他人在一起，并不断发展亲密关系的动机。

人类的亲和动机与两个方面的因素有关：第一个因素与社会比较有关，它强调人们通过社会比较获得有关自己和周围世界的知识。比如 Schachter（1959）就发现，和他人在一起可以减少个体的恐惧和焦虑。在一项研究中，Schachter 告诉女性被试她们要参加一项关于电击如何影响生理反应的实验。“高焦虑”组被试被告知电击很痛但不会对她们造成伤害；“低焦虑”组被试则被告知电击就像打针一样只有一点痛。实际上她们都不会受到电击，实验者只是想让被试相信自己不久将会受到这样的电击。之后，Schachter 告诉被试由于实验用的仪器还没有装配好，请她们等 10 分钟，并且告诉被试她们可以自己单独等，也可以与其他被试一起等。结果如图 2－1 所示：在高度焦虑时，人们更倾向于与他人一起等待，而在低度焦虑的情况下却更愿意独自等待。Schachter 用社会比较理论（social comparison theory）来解释这种现象，他认为人们之所以与他人亲近，是为了拿自己的感觉与其他在同样情境下的人进行比较。Miller（1984）进一步认为，人们不仅通过社会比较来判断自己的能力和自我概念，而且通过它获取有关自己情绪甚至是朋友选择方面的信息。

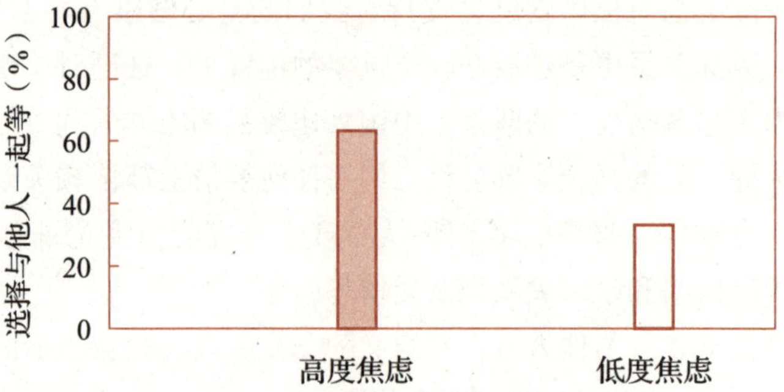

图 2-1　不同焦虑情况下人们的选择

第二个因素与社会交换有关，它强调人们通过社会交换获得心理与物质酬赏。按照社会交换理论的观点，人们会尽量寻求并维持酬赏大于付出的人际关系。

对于亲和需求的作用，R. Weiss（1974）指出，亲和需求可以提供六种重要的酬赏：

（1）依恋（attachment）：指最亲密的人际关系提供给个体的安全及舒适感，这种依恋小时候指向父母，成人后则指向配偶或亲密的朋友。

（2）社会整合（social integration）：通过与他人交往，并与他人拥有相同的观点和态度，产生团体归属感。

（3）价值保证（reassurance of worth）：得到别人支持时所产生的自己有能力、有价值的感觉。

（4）可靠的同盟感（a sense of reliable alliance）：通过与他人建立良好的关系，意识到当自己需要帮助时，他人会伸出援助之手。

（5）得到指导（the obtaining of guidance）：与他人交往可以使我们从他人那儿获得有价值的指导，比如从医生、老师那里得到专业的指导。

（6）受教育机会（the opportunity of nurturance）：与他人交往能够使我们有机会接受来自他人的教育。

（二）克服寂寞的需要

人们与他人交往的第二个原因是为了克服寂寞。相信我们每个人都有过寂寞的体验，什么是寂寞呢？心理学对寂寞所做的定义是：当人们的社会关系缺乏某些重要成分时所引起的一种主观上的不愉快感。比如当你远离自己的故乡去国外留学的时候，在最初的几周内，由于人生地不熟，你就会觉得自己的社会关系当中缺乏你所需要的支持与关爱，必然会产生寂寞的感觉。

R. Weiss 把寂寞分为情绪性寂寞（emotional loneliness）和社会性寂寞（social loneliness）。前者是指没有任何亲密的人可以依恋而引起的寂寞。比如到了一定的年龄以后一个人需要建立一个家庭，并把配偶当作亲密的人来依恋，而如果一个人一直没有成家，他住得又离父母及朋友较远，就常常会体验到情绪性寂寞。后者则是指当个体缺乏社会整合感或缺乏由朋友或同事等所提供的团体归属感时产生的寂寞。比如远在国外生活的人常常会因为观念和行为很难融入当地人的生活中去而产生社会性寂寞。

在谈到寂寞的时候，我们还需要弄清楚它与孤独（aloneness）的不同。孤独是一种与他人隔离的客观状态，孤独可以是愉快的或不愉快的，如伟人经常是孤独的，但是他们是在孤独中探索精神的启示与世俗的进步，所以尽管孤独却并不寂寞，可以说孤独与寂寞之间没有任何必然的关联。

专栏 2-1

校园里的寂寞

对许多学生而言，进入大学的兴奋中总是夹杂着寂寞感，因为他们必须离开家人及朋友，进入陌生的生活中。正如一个学生所说："进入北大对我来说是很好的学习机会，在高中时曾是'模范生'及'最受欢迎的学生'，但现在都得从头开始。起初，除陌生人外，什么都看不到，这点很难适应，但我发现自己已渐渐习惯。"

为了了解进入大学后个人生活的改变，卡特娜做了一项研究，发现刚进入大学的学生在最初的几周内，75%的人有寂寞的体验，40%以上的人说寂寞很严重。7 个月之后仍有 25%的人感到寂寞。卡特娜还研究了那些克服了寂寞的学生与仍感到寂寞的学生的差异，发现他们最大的差异在态度上。假如在刚开学时，学生便预期将交到很多新朋友，并对自己的人格充满自信，几个月后他们便会恢复正常。因此卡特娜指出乐观及自信是创造令人满意的社会生活的主要因素。其他心理学家还发现，有寂寞感的大学生在与他人互动时自我中心的倾向很高。还有人发现有寂寞感的学生的自我展露方式也不同于一般人，他们不会对刚认识的人说真心话，且不会轻易透露关于自己的信息。

寂寞对人们的生活有着重要的影响，如果一个人长期感到寂寞，有时也叫慢性寂寞（chronic loneliness），他的生理与心理健康将会受到影响。心理学家在探讨这个问题的时候把它与青少年问题结合在一起，着重分析了父母离异对孩子寂寞感的影响，得出了一些对我们的生活很有价值的结论。

自 20 世纪 80 年代以来，离婚成了一个十分严重的社会问题。Bane（1976）根据一项调查指出，约有三分之一的美国孩子在 18 岁之前有父母离异的经历。而在目前的中国，随着人们婚姻观念的变化，离婚的比例也在逐年上升。所以关注离婚对青少年和儿童的影响对于保证下一代健康成长具有重要意义。

早在 20 世纪 80 年代初，Longfellow 在研究离婚的影响时就发现，父母离异的孩子长大后较易感到寂寞。Rubenstein（1982）等人则进一步发现，孩子的寂寞感与父母离婚时孩子的年龄有关。如果父母离异发生在孩子 6 岁以前的话，寂寞更可能在孩子身上发生。在研究中为了确认孩子的寂寞感确实由父母离婚引起，Rubenstein 还对比了父母离异的孩子和双亲中一方自然死亡的孩子在寂寞感上的差异，结果发现，在儿童时期双亲之一自然死亡的人，他长大后所体验到的寂寞与在完整家庭长大的人一样。

Rubenstein 在解释此结果时认为有两个方面的原因：第一个原因是孩子的归因。年龄较小的孩子常将父母的离异归咎于自己，虽然这是不合理的想法，但孩子们却相信是自己使父母离异，这种倾向在学龄前儿童身上尤其强烈。但如果父母离婚时孩子年龄较大，他们通常较能理解父母的离婚并非自己的过错。另外，由归因所引起的这种自我责备常常会在孩子的心理上留下阴影，并进一步伤及孩子的自尊心。第二个原因与这些孩子对待他人的态度有关。父母离异的孩子也可能将他人视为排斥性的及不可信赖的，他们常常认为父母是不值得尊敬、令人受挫的，因此他们可能会将这种知觉概化到一般人身上，认为其他人也不值得信赖，人际关系不可靠，不愿与他人交往，从而产生寂寞感。

心理学家发现，有许多因素对人们的寂寞感有影响，这些因素包括以下几种：

（1）婚姻与经济状况。一般说来，已婚者的寂寞感较弱，然而如果已婚者对自己的婚姻不满或是缺少朋友的话，他们也会感到寂寞。贫穷的人比富有的人寂寞感更强，这也许与后者有较多的时间和金钱从事休闲活动有关。

（2）年龄因素。在一般情况下，人们会认为年纪大的人较寂寞，但实际研究发现青少年最寂寞。Parlee（1979）在一项调查中发现：18 岁以下的人约有 79％说他们有时或经常感到寂寞，在 45～54 岁的人群中只有 53％这样回答，而 55 岁以上的人做出同样回答的比例降到了 37％。对于这种年龄差异，心理学家不能肯定其原因，有人认为这与年轻人愿意说出自己的寂寞感有关，也有人认为与年轻人的生活变化更多有关。确实，随着年龄的增长，人们的生活会日趋稳定，加上社交技巧的发展和对社会关系预期的日益实际化，人们的寂寞感会降低。

（3）人格因素。较多感到寂寞的人比较内向、害羞、不够自信、社交技巧差。寂寞也常常与焦虑和忧郁联系在一起，这些人格因素里有一些可以同时是寂寞的起因及结果。例如，不自信的人可能不愿在社会生活里冒险，这使他不易和他人形成人际关系，从而加重了寂寞；反过来长期的寂寞体验可能使一个人认为自己是个社交上的失败者，使自信心更低，更不愿意与他人交往。

尽管上述因素确实对寂寞感有影响，但更多的心理学家认为寂寞与社交技巧（social skills）有着更紧密的关系。Solano 和 Koester（1989）发现，有慢性寂寞的人常常是那些缺乏社交技巧的人，所以要想克服寂寞，首先需要提高他们的社交技巧。Kupke（1979）和 Vangelisti（1991）等人提出了一些提高社交技巧的建议，包括以下两个方面：

一是提高对他人的关注。向他人多问问题，并表现出对他人话题的兴趣，而不要只是被动地对他人的问题做出回答，或者只谈自己感兴趣的事情。

二是培养自己认识并遵从社会规范的能力。可以通过 Adams 等人（1988）的社会技巧训练（social skills training）来提高自己在这一方面的能力。这种训练先让社交技能较差的人观察善于交际的人的行为（示范作用）；接着让他们用角色扮演的方式解决自己在不同情境中遇到的交际问题；之后让他们观看自己与他人交际的录像，并提供必要的反馈。采用这种训练可以使人们学习到怎样开始一个话题，怎样处理沉默期，怎样使用非语言的交流线索以及怎样倾听别人的观点等。

二、人际吸引的基本原则

第一印象最重要的维度是评价，那么，为什么我们喜欢一些人而不喜欢另外一些人？最普遍的答案是：我们喜欢那些能给我们好处的人。学习理论与诱因论提出的吸引原则说明了这个问题。

（一）强化原则

强化是学习理论的基本原则，反映在人际吸引上就是我们喜欢能给予我们酬赏的人，讨厌给我们惩罚的人。许多研究显示，我们喜欢对我们做正面评价的人，而反感对我们做负面评价的人。比如在一项实验里，Aronson（1965）让自己的助手假扮成被试与另一名真正的被试进行一系列简单的交往。每次交往之后，真被试偶尔还会听到实验中的助手与实验者的谈话，谈话中助手提到了他对被试的评价。在第一组里，他总是说自己喜欢被试；而在第二组里，助手总是挑被试的毛病。实验结束后，实验者让真被试评价对助手的喜欢程度，结果如表 2-1 所示。有趣的是，研究还发现当真被试偶然听到其他人对自己做好的评价时，会更加喜欢助手。

表 2-1　由他人对自己的评价而产生的喜欢与不喜欢

实验条件	被试对助手的喜欢程度
实验助手做正面评价	6.4
实验助手做负面评价	2.5

注：表内数字是在－10～＋10 量表上的评定。

（二）社会交换

人们是否喜欢某个人取决于和这个人交往时对成本及收益的评价，如果在与某个人的交往中，人们获得的收益大于成本，就会和他继续交往下去，并且对这种交往的评价也较高；如果在交往中付出多，收益少，交往就有可能中断，人们对这种交往的评价也较低。简单来说，人们所知觉到的一种关系的正性或负性程度取决于以下几个因素：（1）自己在这种关系中所得到的收益；（2）自己在这种关系中所花费的成本；(3) 对自己应得到什么样的关系和自己能够与他人建立一个更好的关系的预期。

然而，社会交换理论也会有一些例外的情况。比如在某些情况下，人们并不愿意做那些在关系中收益最大的人。一些学者认为，关系满意度最重要的决定因素是关系中的公平程度。按照公平理论，当我们在关系中体验到的收益和成本之比大致与交往对象体验到的相等时，我们是最为快乐的。

(三) 联结原则

我们喜欢那些与美好经验联结在一起的人，而厌恶那些与不愉快经验联结在一起的人 (Clore，1974)。May 和 Hamilton (1980) 的一项研究就证明了这一点，在研究中主试把大学生被试分为两组，让他们分别听最喜欢的摇滚乐和最不喜欢的前卫派古典音乐，在听音乐的同时让他们评价一个陌生男子的照片。结果发现听摇滚乐的一组对照片的评价比听前卫派古典音乐的一组要高。

三、影响人际吸引的因素

(一) 个人特质

一个人的某些特征会决定他是否受人喜爱。在一项研究中，Anderson (1968) 收集了 555 个用来描述个人特质的形容词，让大学生评定对具有其中某项特质的个体的喜欢程度。结果发现，对 20 世纪 60 年代的大学生而言，真诚是最重要的特质，在评价最高的八个形容词中占了六个 (真诚的、诚实的、忠诚的、真实的、值得信赖的、可靠的)，而最不受欢迎的特征为“说谎”及“欺骗”。也就是说，人们认为一个人是否真诚决定了我们是不是会喜欢这个人。除此之外，影响人际吸引的个人特质还包括以下三个：

1. 个人的温暖

温暖是影响我们对他人第一印象的主要特质，什么因素让人觉得温暖呢? Foikes (1977) 指出，当人们对其他人有正性态度时便表现出温暖，而温暖的人较受人欢迎。

2. 能力

人们往往喜欢有能力的人，能力所涉及的范围很广，比如智力、社交技巧等。不同的人喜欢各有差异，但是如果营造过于完美的形象反而会让他人感觉到不舒服。Aronson 等人 (1966) 的实验证明了这一点。在实验中，主试让被试听录音，录音内容讲的是一个学生参加某一个测验。第一组被试听到的录音内容是测验中学生表现优异，几乎答对了所有问题；第二组被试听到的录音内容是学生表现平平。测验结束后，部分被试还听到学生不小心把咖啡倒在了自己的衣服上。结果表明，表现优异的人得到了更多人的欢迎。该实验还发现了另一个有趣的结论，当表现优异者犯了一点小错误或者略有失态，比他毫无失误时更受欢迎。

3. 外表的吸引力

人们最容易注意到的是他人的外表，在其他条件相等的情况下，漂亮的人更招人喜爱。家庭心理学研究显示，外表漂亮的人更容易引起周围人的注意，人际吸引力更大，更容易获得他人的帮助，有更多约会的机会，更受欢迎，也更容易获得职业的成功，很可能还会有更好的身体和精神状态。例如，Walster 在一项“电脑约会”的实验中发现不论男性还是女性，漂亮的人都更受欢迎。外表之所以有如此强烈的影响力，一是因为晕轮效应的存在，用 Dion 的话来讲就是“美的就是好的”，二是因为所谓的“漂亮的辐射效应”（radiating effect of beauty），即人们认为让别人看到自己和特别漂亮的人在一起，能提升他们的大众形象，就像对方的光环笼罩着自己一样。

随着文化心理学的兴起，有学者认为，不同人际关系可以自由选择的程度不同，外表吸引力在其间的作用也是不同的，这中间可能有文化差异。外表吸引力通常意味着健康和生殖能力，但只有文化情境使你有机会选择建构你的关系时，外表吸引力对生活的作用才会得以彰显。比如研究发现，在加纳这样的依赖型文化中，拥有良好外貌特质的人并没有享受到满意的人际关系；而在独立型文化中，美貌往往能带来好生活。

专栏 2-2

针对美貌的刻板印象

美貌有统一的标准吗？这一直是一个充满争议的问题。一方面，不同种族、不同文化条件下的人们都达成了这样一个广泛的共识，那就是有一类面孔和体型是很吸引人的，如一个迷人的女性的眼睛应该占她脸的宽度的 30%，她的鼻子应该约占整个面孔的 5%（M. R. Cunningham，1986）。对许多人面部照片的组合研究发现，面部的对称性也很关键。如果最后组合成的面孔是一张已经存在的普通面孔，那通常人们也会认为它更迷人，即使面孔组合所用的那些部件其实均来自现实中的人。漂亮宝宝的妈妈相比不漂亮宝宝的妈妈与宝宝之间会进行更多的交流，同样，婴儿对漂亮的面孔也会给予更多的注意。

另一方面，对一个人内在品性的评价在很大程度上依赖于其外在吸引力，比如，我们怎么评价一个人的外表，就会怎么评价他的性格。多年前，迪恩、伯奇和沃尔斯特写了一篇文章——《美的就是好的》，介绍了美貌所造成的刻板印象。迪恩发现人们对长相漂亮的人的评价要高于一般的人，人们往往认为漂亮的人婚姻幸福，职业较好，威望也高。与不漂亮的人相比，漂亮的个体更为自信、温暖、诚实、强壮、谦虚、友好、合群及有知识。漂亮在很多方面影响着人们的生活。

但是漂亮并不是绝对的。比如影视行业往往被漂亮的人占据，一些人认为这些完美的形象产生了一种不实际的标准，很少有人能达到。这些传播媒体所打造的漂亮的标准，在日常生活里是否确实会影响我们对他人的反应方式呢？为了验证这一点，肯贝利等人（1989）设计了一项现场研究。他们让部分男性大学生观看《霹雳娇娃》（一部由三位漂亮女性主演的电影），然后让他们和没看过这部电影的大学生评定一张照片上的女孩的漂亮程度（事先已被评定为中等，在一个7点量表上得4分）。正如预测的一样，刚刚看过《霹雳娇娃》的男学生对照片上女孩的评价比未看过的低。该研究揭示了漂亮的对比效果（contrast effect）：普通外貌的人常因为另一个刚出现过的美貌绝伦者，而被认为较不具吸引力。

肯尼斯和维勒进行了进一步的研究，他们想知道对比效果在什么情况下产生，而与其相反的辐射效应又在什么情况下产生。他们假设是长相一般的人和漂亮的人之间的关系造成了这种差异。为此肯尼斯设计了一项研究，实验中被试看到两个人，其中一位是长相一般的目标个体，另一位是外貌较好或是其貌不扬的比较个体，这两个人有时扮成朋友，有时为陌生人。这两种不同的人际关系（朋友、陌生人）产生了不同的效果：当他们被认为是陌生人时，产生对比，而当两人是朋友时，则产生辐射效应。

（二）相似性

人们倾向于喜欢在态度、价值观、兴趣、背景及人格等方面与自己相似的人。Kandel（1978）对2 000名高中生的友谊关系所做的研究证明了这一点。他让每一位学生写出他在学校里最好的朋友，并详细填写有关自己的背景及态度的问卷，结果大部分学生最好的朋友在性别、年级、年龄及种族、学业态度、对药物的态度等方面与自己都很相似。

对人际吸引有重要影响的相似性来自以下几个方面：一是人口特征的相似性（demographic similarity），包括性别、种族背景、宗教、社会阶层以及年龄等。二是态度的相似性（attitudinal similarity），包括观点、人格、兴趣、人际风格等。在Byrne（1971）的一项相似研究中，被试在填写完一份态度问卷后，主试把他介绍给另外一个人，同时要求这个人把自己在该态度问卷上的回答大声念给被试听。实际上这个人所念的问卷是由主试替他填好的，有些情况下这些回答与被试的一致，有些情况下则差别较大。念完之后要求被试评价对这个人的喜欢程度，结果正如人们所预料的那样，态度相似性的提高导致了喜欢程度的增加，如图2-2所示。

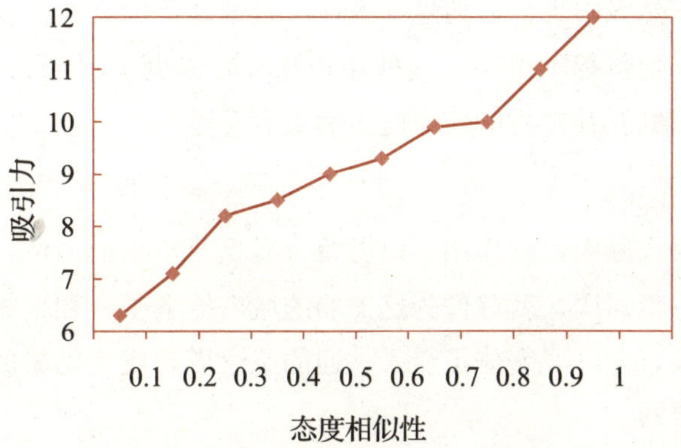

图 2-2　态度相似性与吸引力的关系

除了以上两个方面，外表的相似性也影响着人际吸引。在选择约会对象及婚姻伴侣方面，心理学家发现，人们往往倾向于选择与自己在长相上相似的异性做伴侣，Berscheid（1971）把这种倾向称为“匹配假设”（matching hypothesis）。Hill（1976）对约会情侣的一项研究发现，这些情侣在年龄、智力、宗教、外表吸引力，甚至身高上都很相似，在研究中 Hill 还发现，那些背景最相似的情侣一年以后分手的可能性也小。Feingold（1988）认为之所以出现“匹配假设”，是因为人们认为与自己长相接近的人与自己有相同的社会交换价值。此外，Rusbult（2009）研究发现，伴侣与自己理想自我的相似性在人际吸引中起着重要作用。

为什么相似性对人际吸引如此重要？Festinger（1954）、Goethals（1986）用自我确认理论（self validation）来解释。他们认为，当情境不明确的时候，人们往往通过与他人的比较来确认自己。而选择那些在某些方面与自己相似的人交往，能使自我概念得以确认，与自己相似的人一般同意我们的主张，对我们的观点加以支持，使我们更有信心。

Heider 在用平衡理论解释相似性的时候则认为，个体有强烈的欲望要维持自己对他人或事物态度的协调一致性，而这种一致性可以通过喜欢或不喜欢来达到：喜欢某个人，而同时与他在某个问题上有不同意见，将导致心理上的不愉快，因此人们便通过喜欢那些支持自己意见的人，或反对与自己意见不同的人来使认知达到平衡。

（三）互补性

在恋爱与婚姻关系中，人们有时候喜欢与自己在某些方面相反的人。Buss（1989）对 37 个文化群体的研究发现，在异性关系中男性喜欢年轻的女性，而女性却喜欢老一点的男性，Davis（1990）把这种现象叫作相貌换地位（looks for status）：男性喜欢年轻女性是因为她们漂亮，而女性喜欢老一点的男性是因为他们成熟且有地位。Townsend 和 Levy（1990）用实验支持了这一结论，他们确实发现在大学生中，一个男性只要有地位，他即使不漂亮也能吸引女性；而没有地位的女性只要长相好，她依然吸引男性。但这一效应反过来却不成立：女性用地位补偿长相或男性以长相弥补地位都不可能。这种互补性有时候也表现在交往双方的性格上，比如夫妻双方性格的互补性就能使家庭生活更有意思。

（四）熟悉性

熟悉性也会对人际吸引起作用。以巴黎人对埃菲尔铁塔为例，开始建造时人们非常愤怒，认为它很讨厌，就好像为这美丽的城市拴上了一颗大螺丝，破坏了原来的景色。可是今天，它已经变成了受人欢迎的纪念塔，成为巴黎的象征，是熟悉培养了人们对它的喜欢。

熟悉性引起喜欢的最常见的现象就是曝光效应，即某个人只要经常出现在你的眼前，就能增加你对他的喜欢程度。除了 Moreland 和 Zajonc 等人的研究，Mita 等人（1977）还通过人们对自己脸孔的反应说明了这种现象。我们知道，每个人所看到的自己的脸与他人看到的是不一样的，自己看到的经常是镜中的像，而他人看到的经常是客观的形象。根据曝光效应的假设，外人应该喜欢他们从平常的角度所看到的脸，而自己应该喜欢这张脸的镜中影像。Mita 照下一些女学生的照片，然后将它们呈现给她们本人及其朋友看，有些照片是正常照片，有些则洗出它的负像（与镜中看到的相同）。结果本人更喜欢镜中的影像（对本人而言，68%的人喜欢镜中像），其他人更喜欢正常照片（对朋友而言，61%的人喜欢正常照片）。之所以如此，是因为人们自己经常看到的是镜子中的像，而他人看到的则是正像。当然，曝光效应也有限制：一开始对他人的态度是喜欢或至少是中性时，见得越多才越喜欢。如果一开始就讨厌对方，那么见得越多反而越讨厌。

熟悉性与喜欢的关系也被用在政治生活中，随着选举制度的民主化，越来越多的政治家开始意识到政治广告的有效性问题。所以曝光效应经常被用在政治广告中，许多候选人花大量的钱在广告上宣传自己，但这种出现率的增加能吸引人们为他投票吗？Grush（1978）认为，政治广告只有在以下情况下才有效：一是参选的人数众多，假如没有广告，选民很难辨别谁是谁；二是所有的候选人都有许多广告，如果你没有的话你便可能落选；三是一个候选人在此之前无名气，所以不会过度曝光。除此之外的其他情况下，得票数将受候选人知名度的影响。

熟悉性是如何起作用的呢？到目前为止确切原因尚未找到。Bornstein（1989）用进化论的观点进行解释，他认为在进化过程中，人类经常以小心的方式去应付不熟悉的物体或情境，而这种针对不熟悉情境的谨慎又加强了我们的生物适应性。通过与这些环境不停地相互作用，给我们带来危险的不熟悉的事物逐渐为我们所适应，也就变得熟悉与安全了。随着戒心的解除和舒适性的上升，人们对该事物的正性情感也必然增加。也有一些人从其他方面解释熟悉性的影响，他们认为重复出现可以增加对某个人的再认率，这是喜欢的第一步，同时熟悉他人时对其行为的预测变得容易，从而引发了相似性。

（五）接近性

与他人住得近也是影响人际吸引的因素之一。Whyte 等（1965）通过对社区友谊模式的研究发现，人们所形成的友谊模式受到人们之间物理距离的影响，住得越近就越有可能成为朋友。接近性为什么能引起喜欢呢？首先，接近性能增加熟悉性，而越熟悉，喜欢的可能性越大。其次，接近性也与相似性有关，在有选择的情况下，人们往往选择与自己在某些方面相似的人成为邻居，比如教师愿意与教师住在一个社区里，而高收入阶层的人也选择同等收入水平的人为邻居。最后，从社会交换的观点来看，物理距离上的接近性使人更易获得来自他人的好处，他人可以随时来帮助你，与这样的人交往你可以用较小的代价换取较多的好处。正是这些原因使得物理距离上的接近性成为影响人际吸引的重要因素。

专栏 2-3

在生活中寻找接近性的痕迹

这个练习以你的实际生活为例，找到朋友与你生活的地方之间的关系。想知道时空接近能否解释谁会成为你的朋友吗？

首先，选择一个指定的物理空间，假如你是一名大学生，就选择你的寝室楼。粗略地画一个你寝室所在楼面的平面图，包括所有寝室门的位置、楼梯或电梯的位置、公共休息室的位置、起居室的位置等。在你的房间位置上做一个记号。

其次，想想你在这层楼面上有哪些亲密的朋友，把他们的房间标记为 1。然后，想想哪些是你的朋友，把他们标记为 2。再想想哪些是你的熟人——那些见面问个好或不时谈上几句的人，把他们标记为 3。

现在考察地图上所标记的友谊模式。你的朋友是否在物理距离上集中在你的房间周围？标记为 1 或 2 的房间是否属于那些在物理距离上离你最近的房间？它们是否比那些标记为 3 的房间离你的房间更近一些？那些没有任何标记的房间又是什么样的情况——是否是离你的房间最远的那些房间？

最后，也考察一下你的时空接近效应图上有关功能性距离的问题。你寝室楼的建筑设计是否使得你更有可能和某一些寝室的同伴相遇？比如说公共休息室、洗漱间、楼梯或电梯以及信箱的位置，所有这些都可能在时空接近性和友谊建立上扮演重要的角色。你在来来回回的过程中，路过某些人的房间却不会经过另一些人的房间，那些住在你必经之路上的房间的人是否是你最熟知的人？如果是的话，时空接近性就在决定你将会和哪些人建立友谊上扮演了非常重要的角色。

亲密关系

知识点二　亲密关系

学前思考

原生家庭父母与孩子的相处模式是否会影响到孩子成年后的婚恋观？

构建和维持一段亲密关系的有效方法是什么？

男性与女性在交朋友的方式上存在哪些差异？

当一段亲密关系终结时，我们该如何处理和面对消极情绪？

在家庭环境下，我们要建立夫妻、亲子、代际等各类亲密关系，正确认识亲密关系的内涵，了解影响亲密关系建立和维持的因素，是我们发展一段健康亲密关系的前提。

人际吸引是人际关系发展的前提和重要基础，在人际吸引的基础上，人们之间的关系会从一般性的关系发展为亲密关系。这些亲密关系对每个人的生活来说都是必不可少的，下面我们就分析这些亲密关系。

一、亲密关系概述

（一）亲密关系的定义

Kelly（1983）认为，关系是指两个人彼此能互相影响对方，并且互相依赖。也就是说，只有当两个人之间互相影响与依赖的时候，才能认定他们之间存在着关系。Levinger 和 Snoek（1972）在这个解释的基础上提出了一个互赖模型（model of interdependence），并用它来说明随着互赖关系的增加，关系变化呈现出的特点。他们以两个人之间关系的发展阶段为例把人们之间的关系分为四种：一是两个人互相不知道对方的存在，彼此无任何关系，称为零接触（zero contact）；二是知晓（awareness），一个人知道另一个人的信息，但未发生任何直接接触；三是表面接触（surface contact），两个人开始互动，如谈话或书信来往；四是共同关系（mutuality），两个人的依赖程度增加。在共同关系中，当两个人的互赖性很大时，我们把这种关系称为亲密关系（close relationship），亲密关系的特点有三个：一是两人有长时间的频繁互动；二是在这种关系中包含着许多不同种类的活动或事件，两个人共享很多共同的活动及兴趣；三是两个人相互的影响力很大。

（二）亲密关系与自我概念

Aron（1986）用自我延伸（self expansion）来解释人们之间的亲密关系。他发展了威廉·詹姆斯客体自我的概念，认为与他人建立亲密关系的实质是把他人融入了自我概念。

这种自我延伸有五个方面的证据：

第一个方面的证据是归因过程中的行动者与观察者效应（actor observer effect），即人们倾向于把他人的行为归于内因，而把自己的行为归于外因的现象。Nisbett（1973）在研究亲密关系时发现，当他人是自己的好朋友时，并没有这种差异。也就是说，人们在推论自己熟知的人的行为时所使用的方式与推论自己时一样。

第二个方面的证据与资源分配有关。与对待一般人的方式相比，人们在分配资源时对自己和与自己关系亲密的人的区分要小得多。用Aron（1991）的话来讲，就是由于人们的自我中包含了后者，因此在分配资源时不分你我。

第三个方面的证据来自亲密关系中的共有关系（communal relationship）。一般情况下，交换关系在人们之间比较普遍，但M. Clark（1979，1989）发现，在亲密关系中，人们对收益与付出并不关心，相反人们关心的往往是能够给对方提供什么。在亲密关系中，他人是自我的一部分，他人的需要也就是自己的需要。照料和情感表达会促进关系提升（Lemay & Clark，2008）。

第四个方面的证据来自Markus（1977）的自我图式。Aron（1991）通过比较陌生人、朋友以及夫妻的自我图式发现，在亲密关系中，个体的自我中包含了他人，这一点在东方文化中更为明显。朱滢、张力等人（2001）有关中国人自我概念的研究也说明了这一点。

第五个方面的证据来自共有记忆（transactive memory）。Wagnaer等人（1991）发现，关系亲密的人在编码、储存和提取信息方面有一个共通的记忆系统。

（三）亲密关系中的依恋

人类最初的亲密关系表现为婴儿和父母之间的依恋，它是一种强烈的情绪联系。发展心理学家约翰·鲍尔比（John Bowlby）把这种情绪联系看成是人类与生俱来的特征，他认为婴儿对父母的依恋是他们生存的首要条件。Harlow（1974）对灵长类动物的研究也证实了这一观点。所以许多心理学家把依恋看成是人类的本能行为。

M. Ainsworth（1989）对人类的依恋关系做了进一步的研究，并把依恋关系分为三种类型：一是安全型，父母对孩子的欢乐、悲伤以及要求等方面的信息很敏感，这种情感促使他们关爱孩子，从而使得父母与孩子之间的关系更加亲密，使他们互相喜爱、重视，孩子不会产生被抛弃的感觉。二是逃避型，与安全型相反，逃避型的父母经常远离孩子，逃避与孩子建立亲密关系的尝试，在这种情况下孩子也学会了逃避与父母的接触，抑制自己的依恋需要。三是焦虑/矛盾型，父母对孩子的情感经常不一致，有时候很关心，有时候却不感兴趣。由于这种不一致的爱，孩子在自己的情感没有得到回报时会显得暴躁和焦虑。早期，这些不同的依恋形式对孩子的成长有着重要的影响，因为它可能决定着孩子的生活风格和以后的人际取向。

在心理学家看来，人们在婴儿期和儿童时期学会的特定依恋方式会成为我们描述自己与他人关系的图式。这些图式通常会伴随我们一生，并扩展到我们与其他人的关系之中

为了了解不同的依恋类型是如何影响成人间的亲密关系的，C. Hazan 等人（1987）设计了一个爱情小测验并把它刊登在报纸上。在测验中，除了询问人们之间的浪漫关系，还让人们选出自己的依恋形式。结果证明，安全型的人很容易接近，并期望与他人发展亲密关系；逃避型的人不易与他人形成亲密关系，他们不信任他人；焦虑/矛盾型的人也对自己的亲密关系不满，但与逃避型不同的是他们对自己的伴侣很着迷。这项调查研究还得出了这三种依恋在成人中的比例：安全型占56%，逃避型占25%，焦虑/矛盾型占19%。

其他的研究者也基本上证实了上述结论，他们发现依恋方式为安全型的个体有着最持久的浪漫关系，他们能体验到最高程度的责任感和满意感；依恋方式为焦虑/矛盾型的个体浪漫关系持续的时间最短，他们最容易开始一段浪漫关系，但如果他们的爱得不到相同程度的回应，就会很沮丧和愤怒；依恋方式为回避型的个体最不可能开始一段浪漫关系，并且最可能报告他们从未坠入情网，他们在人际关系中保持着他们的距离，对关系的责任感最低。Cox 和 Arndt（2008）对成年人的依恋方式在恐惧管理中的作用进行了研究，研究发现不安全型依恋的个体在遭遇恐怖事件后倾向于依赖父母，而安全型依恋的个体更倾向于依赖自己的爱人。

但依恋方式并不是一生不变的。Feeney 和 Noller（1996）、Kirkpatrick 和 Hazan（1994）等人的追踪研究发现：25%到 30%的人改变了最初的依恋方式。他们发现这些人在亲密关系中的体验，可以帮助他们学习新的和更健康的与人交往的方式，这些方式与他们在幼年时期所学到的方式大相径庭。Baldwin 和 Fehr（1995）指出，在任何一段时间内，人们所表现出的依恋方式都与他们伴侣的行为有着密切的关系。

从某种意义上来看，对依恋和成人关系的研究是很有价值的，这些研究支持了这样一种论断：人们和父母之间的关系可能会影响人们成年时期与他人的关系。

二、自我展露与亲密关系的发展

（一）友谊关系

随着人的成长，人们的社会关系范围也会不断地扩大，从家庭延伸到社会，朋友会成为亲密关系中不可缺少的一部分。P. Wright（1984）把朋友关系分为两个层次：表面朋友（superficial friendship）和深层朋友（developed friendship）。前者的形成和保持完全是因为这种关系的酬赏作用，后者除了酬赏还包括相互关心。Hays（1985）指出，人们从开始交这两种朋友时就表现得截然不同，与表面朋友

的交往模式会随着时间的推移接触越来越少；而与深层朋友的交往模式是一开始见面很多，然后接触慢慢地减少。另外，要想交到深层朋友，感情投入是最根本的，仅有一般性的接触是不够的。

心理学家还发现在交友问题上，男性与女性存在着很大的差异：

首先，男孩子与女孩子的交友方式不同。心理学家 Eder（1978）在一项儿童友谊关系的长期研究中发现，通过玩耍交朋友时男孩子往往是一群人一起玩，而女孩子一般是一对一对地玩；对成年人来说，男性之间的关系发展往往取决于他们是否参加了共同的活动，如一起踢足球等，而女性要想成为朋友，一起聊聊天就有可能。Wright（1982）把男性交友的倾向称为面对面（face to face）方式，而把女性交友的方式称为肩并肩（side by side）方式。

其次，情感在男女友谊关系中的作用不同。随着年龄的增长，情感在男性与女性关系中的地位出现了差异，比如在同性亲密关系中，女性的友谊关系由于有更多共同情感的参与，所以比男性的更亲密。但是在与异性发展关系时，这些差异并不明显。

最后，男性与女性在亲密关系中身体接触的程度也不同，尤其是在同性的亲密关系中。在一项研究中，Derlrga（1989）让被试表演自己在机场迎接自己的朋友或是异性伴侣，结果发现情侣的身体接触最多；而男性朋友之间用身体接触迎接的概率小于女性和异性之间。进一步的研究发现，男性之所以不愿有身体接触，是因为他们把身体接触理解为一种与性有关的欲望。

（二）自我展露

尽管有许多方法可以用来与他人发展亲密关系，但在心理学家看来，自我展露（self disclosure）无疑是最常用也最有效的方法。

自我展露是指个体把有关自己个人的信息告诉给他人（Jourard，1964），与他人共享自己内心的感受和信息。在许多心理学家看来，一个人能进行适当的自我展露是其人格健康的重要标志。Fitzpatrick（1987）指出，如果一个人在与他人交往时缺乏这种自我展露，他便难以与他人建立起有意义的联系，他也会感受到更多的寂寞。

为什么自我展露能够促进人际关系的发展呢？Altman（1973）用社会渗透理论（social penetration theory）来说明自我展露在发展友谊等亲密关系中的作用。按照这一理论，人们之间亲密关系的发展与人际交往中沟通的水平有关，随着话题由浅入深，人们之间的关系也由一般向亲密转化。刚见面时，人们谈论的往往是一些非个人化的话题，如天气、体育运动以及流行文化等；如果这些表面的交谈得到了回应，人们就会深化这种社会交换，这时候话题进一步拓宽，双方会交流一些更个人化、更敏感的信息。在人们讨论的话题由窄到宽、由浅到深的过程中，人们之间亲密关系的层次也增加了。从某种意义上讲，正是这种渗透式的自我展露，才使人们避免了揭露太快或太慢引起的消极反应。

社会渗透理论还指出，与他人刚认识时，人们在自我展露的时候遵守相互性规范（self disclosure reciprocity），即自己的展露水平与他人的展露水平相对应，他人展露水平高时自己的也高，他人展露水平低时自己的也低（Cunningham，1986）。Kaplan（1974）认为自我展露中的这种相对性规范对人际关系的建立与发展极为重要，如果一个人忽视这种渐进式的过程，一下子向他人展露太多有关自我的信息，会使他人害怕和退缩，从而给人际关系的建立和发展造成障碍。

除了增进人际亲密关系的作用，自我展露也有疏远与他人关系的作用。心理学家发现，当亲密关系出现问题的时候，一些人可以通过控制个人展露的深度和广度而从这种关系中退出（Baxter，1987）；也有一些人会通过减少讨论的话题，增加自我展露的深度来达到退出的目的。在后一种情况下，人们展露的往往是责备和伤害他人的负性情感。

专栏 2-4

自我展露的性别差异

一般的刻板印象将男性形容为“沉默型”，总是将感情隐于内心；而将女性形容为“长舌妇”，经常毫不犹豫地向他人透露心底的话。实际如何呢？Cozby（1973）指出，同性关系里，女性与女性之间的展露水平高于男性与男性之间；成年后女性比男性更容易有亲密的同性知己，并且彼此共享私人秘密。

在通过何种方式进行自我展露这个问题上，Caldwell 和 Peplau（1982）发现，大部分女性乐于和自己的女性朋友“纯聊天”，并认为聊天有助于她们之间发展关系；与女性相反，男性则强调与同性朋友有共同的活动。然而在异性关系里，性别差异并不明显。一般而言，夫妻间的自我展露水平比其他人高，丈夫与妻子的展露水平大致相等。自我展露的水平随时代的发展而呈现提高的趋势，现在的年轻人比他们父辈的自我展露水平高。

尽管男性与女性自我展露的程度相等，但所展露的个人信息的内容不同。Hacker（1981）发现，女性经常展露自己柔弱的一面，而对自己较强的能力则缄口不言；男性则相反，经常宣扬自己较强的一面，而隐藏较弱的一面。其他人还发现，男性所展露的大多是“男性化”主题，如什么时候有过攻击性行为或冒险行为；女性所展露的则多为“女性化”主题，如什么时候觉得很像小孩等。

Rosenfiled（1979）还研究了为什么人们有时候会尽量避免自我展露的问题，他发现对男女双方而言，都担心将自己不希望投射出去的形象无意间投射出去，男性还担心由于透露太多而失去对他人的控制力量，而女性则唯恐自己透露的信息被人利用而对自己不利，并且会破坏彼此间的关系。

三、亲密关系的维持

当友谊和爱情等亲密关系建立起来之后，人们总是期待这种关系能够长久地维持下去。但实际上，维持这种关系需要双方付出很多的努力。为了使亲密关系让双方满意，可以从以下几个方面入手。

（一）平等

平等是亲密关系维持的重要条件之一，按照公平理论，在任何形式的人际关系中，人们的付出都应该与其收益成正比。比如在爱情与婚姻等亲密关系中，人们并不是以最小的付出换取最大的收益，而是追求一种大致的平等，即付出多少和得到多少大体相当。在家庭生活中，家务劳动的分配不均很容易造成夫妻双方不平等的感觉，因此，干活多的人更有发言权就体现了这种公平，如果有一方在家里什么都不干，还要对对方指手画脚，那么这种关系就比较容易出现问题。

（二）归因

人们对事件的解释方式是决定人们对亲密关系是否满意的一个因素。Bradbury 等人（1990）发现，幸福的夫妻经常做强化对方式的归因（partner enhancing attributions），即把对方良好的行为归结为对方的内在原因，而把对方不好的行为归结到情境中去。相反，不幸福的夫妻经常做抑郁式归因（distress maintaining attributions），把对方良好的行为归结为幸运，而把其不好的行为归结为人格特质。

（三）沟通

除了由不平等诱发的紧张和消极的归因倾向，缺乏沟通也是夫妻或其他形式的亲密关系出现问题的一个原因。Halford 等人（1990）发现，走向破裂的夫妻经常不能或不愿意向对方表达情绪，即懒得与对方沟通。在一项长达四年的夫妻关系研究中，J. Gottman 和 R. Levenson（1922）发现，在最终破裂的婚姻中，夫妻双方往往忽视对方的情感需求和负面情绪，并且对对方的关怀置之不理，无法形成积极的沟通渠道。双方在交往的时候往往陷入消极交互作用圈中，双方积极的行为被忽略，而消极的行为被夸大。

幸福的夫妻常常也通过与对方的争论来理解对方的观点，心理学家 Davis（1987）把这种心理状态叫作摆观点（perspective taking），它对维持这种关系的健康极为重要。在争论中，女性比男性在摆观点、情绪敏感性以及自我展露等方面更为投入。也正是由于这些争论，夫妻双方会更为了解对方，婚姻关系也就会更持久。

（四）嫉妒

Hupka（1991）认为嫉妒是指当与个体自我概念有关的重要关系受到真实的或想象的威胁时，个体产生的一种消极的情绪反应。嫉妒涉及的范围很广，包括他人的地位、工作、爱好、女友或男友，甚至穿衣打扮。在亲密关系中，嫉妒一方面是浪漫爱情健康的标志，它实际上反映了个体对这种关系的依赖性；另一方面也常常引发消极的情绪和行为，如果这些消极情绪积累起来，有时候是很可怕的事情。

尽管嫉妒具有消极的一面，但在爱情关系中，有时候一方会故意引发对方的嫉妒心理。比如 White（1980）通过调查发现，三分之一的女大学生和五分之一的男大学生会向自己的伴侣炫耀自己以前的情人，以激起对方的嫉妒，从而使他们之间的关系更加密切。在恋爱关系中，嫉妒倾向高的人往往是感情投入大的一方。许多情况下，这种嫉妒的结果是使关系受到损害，无益于两个人关系的增进。

为了帮助人们控制自己的嫉妒心理，G. White 和 T. Helbick（1988）开发出了一个针对夫妻的嫉妒控制训练程序，该程序需要两天时间，它的目标包括五个：一是通过教育让夫妻双方明白嫉妒的原因和结果；二是帮助夫妻双方提高他们的沟通与协商技巧；三是帮助双方认识和评价解决冲突的有效方法；四是帮助夫妻双方设计更有建设性的应对策略；五是增加双方讨论寻求咨询的可能性。

四、亲密关系的终结

1971 年，一个小伙子给自己的新娘写了一首情诗，然后把它塞进瓶子并扔到了西雅图和夏威夷之间的太平洋海域。小伙子在信里写道：

> 这封信可能要花上一周，
> 甚至几年的时间才能到你手里，
> 也许它永远都不能到你手中，
> 但我仍然会铭记于心，
> 我会不顾一切地去证明我对你的爱。
> 当你看到这封信的时候，
> 我可能已经是白发苍苍的老人了，
> 但我相信我们的爱情仍然会像现在一样鲜活。
>
> 你的丈夫：鲍伯

10 年后，有人在关岛附近的海岸慢跑时发现了这首装在瓶子里的情诗，通过电话找到了那位十年前的新娘。当把情书的内容读给她听时，她竟然大笑起来，而且越听笑得越厉害。最后，她只说了一句“我们已经离婚了”就挂断了电话。

尽管人们喜欢与他人建立并维持亲密关系，但如同上述故事一样，实际上并非所有的亲密关系都能长久地维持下去，在我们的周围有许多亲密关系在发展的不同阶段出现了破裂。

(一) 对待不满的策略

C. Rusbult（1984）指出，当人们之间的亲密关系失去其价值的时候，人们往往采取四种不同的对待方式，这四种对策与人们对这种关系的满意与承诺水平有关，满意度越高、承诺越大，则这种关系越难以终止。这四种对策分别如下。

1. 真诚（loyalty）

真诚表现为被动地去弥补出现的裂痕，采用这种策略的人由于害怕对方的拒绝行为，所以很少说话，往往是耐心等待、祈求，希望自己的真诚能使对方回心转意。

2. 忽视（neglect）

这是许多男性经常采用的一种消极策略，他们会故意忽略对方，与对方在一起的时候经常在一些与所探讨问题无关的话题上挑剔对方的缺点。这种策略经常被那些不知如何处理自己的消极情绪，或不想改善但也不想终止这种关系的人使用。

3. 退出（exit）

当人们认为没有必要挽回这种关系的时候，常常用这种方式。它是一种主动的、破坏性的策略。

4. 表达（voice）

双方讨论所遇到的问题、寻求解决方法并尽力维持亲密关系。这是一种主动的、建设性的方式。

Gotlib 和 Colby（1988）把争吵分为破坏性争吵（destructive quarrels）和有益性争吵（good quarrels），并向那些关系出现问题的人提出了在争吵时应该注意的事项，可概括为“不要”和“而是要”两个方面：

不要：一味道歉，不分谁对谁错；对所争吵的问题沉默或置之不理；假借他人之口贬低对方；引出与争吵无关的问题；为了和谐而违心同意对方的观点；间接批评或攻击对方的长处；威胁对方将会遇到意外麻烦。

而是要：私下吵架，不要让孩子听到；弄清楚所争吵的事情，就事论事；表达出你积极或消极的情绪；说出你同意什么，反对什么；提出一些能够使对方表达关心的问题；等待自然的和解，而不要妥协；提出一些能够增进双方关系的积极建议。

(二) 亲密关系破裂所造成的情感伤痛

亲密关系的破裂往往会给双方造成情感上的伤害，心理学家发现在这种情况出现的时候，女性比男性更可能希望赶快终止与异性的关系。

对男女双方来说，当爱情或友情破裂的时候，他们都要经历情感上的伤痛。那么，这种关系的破裂，对哪一方的伤害更大呢？心理学研究发现，谁先提出要结束关系，对伤痛程度有影响。Hill 等人（1976）发现，先提出结束关系的一方痛苦少一些，这种效应在男性身上表现得更明显（Helgeson，1994）。Robin Akert 对 344 名男女大学生进行的问卷调查发现：在预测大学生的分手体验时，个体在分手决策中扮演的角色是最重要的预测变量。他根据大学生伴侣在结束关系的决策中所担负的责任程度，把大学生分为三类：终结者，表示自己在分手决策中承担更多责任，是主动提出者；承受者，表示自己在分手决策中承担责任较小，是被动接受者；共谋者，表示双方承担的责任相等，双方的影响一样。结果表明：承受者的感觉非常糟糕——他们有高度的孤独感、抑郁感、不快、愤怒，并且几乎所有的承受者都报告说，他们在分手后的几周内体验到了各种各样的躯体症状。而对终结者来说，分手后的沮丧程度、痛苦程度和焦虑程度都是三组中最低的。尽管终结者报告说自己感觉内疚和不快乐，但他们体验到的诸如头痛、胃痛以及进食和睡眠障碍等负性躯体症状是最少的。

心理学研究还发现，如果在恋爱关系中遭到拒绝的话，男性比女性更容易紧张和痛苦。对此的解释是：从传统性别角色的角度来讲，由于男性被看成是控制和权力的中心，因此当这种关系破裂的主动权被女性所控制的时候，男性就会感觉到对自尊的威胁和情绪紧张。

为了应付关系破裂造成的伤害，男性和女性经常用自我安慰的话语来平息自己的伤痛，比如他们经常说“我总算摆脱那个恶魔了”等。有时候人们还会借助于体力活动来分散自己的注意，女性还经常通过哭泣、向朋友倾诉、读书以及咨询等方式缓解由此带来的压力。

（三）利用社会支持

社会支持（social support）是指人们感受到的来自他人的关心和支持（Raschke，1977）。社会支持的来源不仅包括家人、朋友、同事等，也包括与我们关系一般的其他人，甚至是陌生人。而支持的形式既可能是情绪上的，也可能是物质援助。当恋爱等亲密关系破裂的时候，人们经常通过寻求社会支持来减轻压力，心理学家 Gore（1984）和 Thoits（1982）认为当人们失去亲密关系的时候，家庭和朋友的社会支持往往会成为应付紧张的缓冲器。

社会支持在我们的生活中有着重要的影响。人们总是生活在一定的社会关系网络之中的，这种网络能够为我们提供所有必需的东西。Berkman（1990）研究了社会支持对老年人生活的影响，他从三个方面区分了老年人的社会关系情况：一是社会支持网络的结构与成分，二是该网络所能提供的社会支持的形式与数量，三是老年人对社会支持的知觉满意度。结果三个维度的评价都证实社会支持对老年人的生活与人格健康有积极的作用，老年人受到的社会支持越多，他们的身心健康状况就越好。Mery 等人（1990）从生理的角度探讨了社会支持对免疫功能和应激行为的影响，发现社会支持在压力、应激源及应激行为之间起着缓冲作用，社会支持通过减轻压力和应激而对免疫功能产生影响。社会支持也影响着青少年的心理与行为，来自父母的支持对青少年的健康成长是必需的。Keneth 对比了即将升入大学的与被学校开除的高中生的生活情况，发现他们的亲社会行为与来自父母和朋友的社会支持有关。

Sosa 等人（1980）关于社会支持对产妇影响的研究是这方面研究的典型代表。这项研究是在一所医院的妇产科进行的，在研究中研究者把将要生产的产妇随机分成两组：实验组和控制组。其中实验组有 33 人，控制组有 103 人。实验组的被试进入产房以后，在她们的旁边坐着一名不懂医术的妇女，她的任务是向产妇提供社会支持，具体方式是与产妇谈话或者抚摸产妇；而控制组的产妇只接受来自医生的检查，比如量血压、测脉搏等。实验的因变量有两个：一是产妇生产所需要的时间，二是产后的母婴关系。结果令人震惊：实验组的产妇生孩子平均花了 8.8 小时，而控制组的产妇平均花了 19.3 小时，并且实验组的产妇在产后大多数很清醒，常常微笑着对自己的孩子说话，只有约 37%的人有一些抱怨，而控制组抱怨的比例高达 79%。

随着生活节奏的加快和社会观念的变迁，社会支持对我们生活的影响也将越来越大。为了保证自己的心理和生理健康，我们有必要去寻求和利用生活中的种种支持。

知识点三　爱情

爱情

学前思考

在学习本节的内容之前，我们一起来欣赏一下这首关于爱情的诗。

致橡树

——舒婷

我如果爱你，
绝不像攀援的凌霄花，
借你的高枝炫耀自己；
我如果爱你，
绝不学痴情的鸟儿，
为绿荫重复单调的歌曲；
也不止像泉源，
常年送来清凉的慰藉；
也不止像险峰，
增加你的高度，
衬托你的威仪。
甚至日光，
甚至春雨。

不，
这些都还不够！
我必须是你近旁的一株木棉，
作为树的形象和你站在一起。
根，紧握在地下；
叶，相触在云里。
每一阵风过，
我们都互相致意，
但没有人听懂我们的言语。
你有你的铜枝铁干，
像刀，像剑，也像戟；
我有我红硕的花朵，
像沉重的叹息，
又像英勇的火炬。

我们分担寒潮、风雷、霹雳；
我们共享雾霭、流岚、虹霓。
仿佛永远分离，
却又终身相依。
这才是伟大的爱情，
坚贞就在这里：
爱，
不仅爱你伟岸的身躯，
也爱你坚持的位置，
足下的土地。

欣赏了这首美丽的诗之后，你对于爱情有什么样的想法？本诗中的爱情是什么样的爱情？与周围的朋友进行交流。

一、什么是爱情

对美好爱情的追求是人类永恒的理想。早在20世纪中期，心理学家罗洛·梅在他的《爱与意志》中就从心理学的角度对人类的爱情进行了分析。他指出：爱情是一种奉献，而不是一种索取，它是主动的情感，而不是被动接受的情感。在他看来，人类的爱情包含四个要素：关心、责任、尊重和理解。

真正对爱情进行学术研究是从Rubin等人开始的。在Rubin看来，爱情是一个人对另外一个人的某种特殊的想法与态度，它是亲密关系的最深层次，它不仅包括审美、激情等心理因素，还包含生理激起与共同生活的愿望等复杂的因素。

心理学家提出了不少关于爱情的理论，其中最有影响的关于爱情的理论是 Sternberg（1988）提出的三元理论。Sternberg 认为爱情由三种成分构成：一是激情（passion），指情绪上的着迷，它是动机性的，与生理唤起有关，有些和性有关，有些则源于需要和个性特征。二是亲密（intimacy），指心理上的喜欢的感觉，想和对方加强联系，包括善待对方和给予支持等，它是情绪性的。三是承诺（commitment），指自己愿意投身于所爱的人，保持并主动维持这份感情，代表一种态度，分为长期与短期两种。

Hazan（1987）还提出了依恋过程理论。Hazan 认为，人类的爱情和自身的依恋过程有关，我们早期对父母的依恋决定了后来对成人关系的期望与评价，人类的亲密关系取向具有相似性和持续性，爱情中的依恋是幼年期对父母依恋的持续，二者没有本质上的区别。

二、爱情的分类与测量

（一）爱情的分类

Lasswell 和 Robsenz（1980）通过研究，对爱情进行了分类，提出了六种形式的爱情。

（1）浪漫式爱情（romantic love）：爱是强烈的情绪体验，最典型的是一见钟情，外表吸引力是此类爱情的必要条件。

（2）占有式爱情（possessive love）：对爱十分狂热，容易嫉妒，完全被对方迷住。

（3）好朋友式爱情（best friend's love）：经由友谊、共同爱好及逐步自我展露而慢慢成长起来的令人愉快的亲密关系。

（4）实用式爱情（pragmatic love）：彼此都感到合适，并能满足对方的基本需求，追求满足而非刺激。

（5）利他式爱情（altruistic love）：强调爱情中无条件的关怀、付出及对对方的谅解。

（6）游戏式爱情（game playing love）：玩弄爱情就像玩游戏一样。

沃尔斯特选取了这六种爱情形式的某些成分，概括出了人们常说的两种爱情形式：狂热式爱情与伴侣式爱情。前者的表现就是一见钟情，难以自拔，当得到对方的回报时会体验到极度的快乐。在这种爱情中，有两方面的因素很重要：一是情绪扮演着重要的角色，人们常被激情控制了头脑，对对方毫无抵抗力；二是有先入为主的印象，将对方理想化。伴侣式的爱情则比较实际，它强调信任、关怀和对对方特点的容忍，温暖和情感是它的特色。

狂热式和伴侣式爱情代表了两种完全不同的爱情体验，当两个人建立起某种相互满足的关系以后，伴侣式爱情便会慢慢地成长。在平等的人际关系中，伴侣式爱情比较普遍。

Hatkoff（1979）还指出了爱情中存在性别差异：男性喜欢浪漫式爱情（一见钟情）与游戏式爱情（追求女性的快感）；女性喜欢好朋友式爱情与实用式爱情。这种差异与社会及经济背景有关：结婚的时候，男性是在选择同伴及合作者，而女性则是在选择同伴和生活支柱。

（二）爱情的测量

Rubin 最早开始对爱情进行科学的测量，他编制的爱情量表主要测量了伴侣式爱情的三个主题：

（1）依恋，指需要及渴望对方的感受，比如其中一个项目为“我没有办法离开而独处”。

（2）关怀，指尽自己最大的努力使对方幸福以及满足对方的需求，其中有“我愿意为对方做任何事情”等想法。

（3）信任及自我展露，指愿意把自己的一切告诉对方，愿意与对方共享。

Rubin 还区分了爱情和友情的差别，他认为在爱情量表的三种成分中，判断某人是否在恋爱时，信任是最不重要的因素，而在评定“友情”时，信任则是最重要的因素。

除了 Rubin 的研究，加拿大的社会学家 Lee（1988）等人也提出了一个爱情量表。他认为爱具有三种基本形式：激情、游戏和友谊。它们分别对应于颜色中的红色、黄色和蓝色，Lee 认为这三种颜色可以构成爱情的次级形式。

（1）实用式的爱情（pragma）：包含游戏和友谊的成分；

（2）占有式的爱情（mania）：包含激情和游戏的成分；

（3）利他式的爱情（agape）：包含激情和友谊的成分。

专栏 2-5

爱情成分的测量

Lee 测量六种爱情成分的题目如下。

浪漫式（eros）：

我和我的爱人一见钟情。

我们的爱情强烈且令人满意。

我爱人的长相很漂亮。

游戏式（ludus）：

我不能保证对爱人的承诺。

有时候我会同时与两个人保持关系，以便从中选择适合我的人。

我喜欢与不同的伴侣玩爱情游戏。

好朋友式（storge）：

随着时间的推移，我们由朋友变成恋人。

爱情实际上是一种深层的亲密关系，不是神秘的情绪。

最令我满意的爱情是从好朋友发展而来的。

实用式（pragma）：

在向对方做出承诺之前，我已经做了仔细的考虑。

在选择爱人之前，我会尽量对自己的生活加以规划。

在选择恋爱对象的时候，我会考虑其是否与我家人的要求相符。

占有式（mania）：

恋爱使我很兴奋，有时候都睡不着。

一旦坠入爱河，我在干其他事情的时候注意力就难以集中。

如果我的爱人忽略了我，我常常会干一些傻事来引起其注意。

利他式（agape）：

我宁可自己受罪，也不愿我的爱人受苦。

除非爱人幸福，否则我就不会幸福。

为了爱人，我愿意忍受一切痛苦。

三、爱情行为与感受

为了了解人们在恋爱中的行为，Swensen（1972）通过调查不同年龄的人，提出了与爱情有关的七种行为：一是对爱情的口头描述，如说“我爱你”。二是自我展露，把自己的秘密和感受告诉对方。三是无形的爱情表征，比如对对方的活动表示兴趣、尊重对方的意见并鼓励对方。四是以非语言方式表达感情，当对方出现时感到轻松和快乐，尽管与对方并无直接交往。五是有形的爱情表征，如送礼物给对方或帮对方做一些事情。六是以身体行为表达爱情，如拥抱或接吻。七是表示愿意容忍对方，并愿意牺牲一切以维持这种关系。

从恋爱时的感受来讲，爱情与友情最主要的区别是生理上的反应。Kanin（1970）让679位大学生评定自己在恋爱中的感受及其强度，结果发现79%的人有强烈的幸福感，37%的人注意力难以集中，29%的人有飘飘然的感觉，22%的人希望自己狂奔、大叫，22%的人在约会前感到紧张，20%的人在恋爱时有陶醉感，20%的人有双手冰冷等生理反应。

爱情行为与感受还与性因素有关。满意的性生活是浪漫爱情的重要基础。Simpson（1987）发现，性生活是爱情关系发展的一个强化剂，有性关系的恋爱要比没有性关系的恋爱持续时间长。而Blumstein（1990）则指出随着关系的发展，人们性生活的频率会逐渐下降。Howard 和 Dawes（1976）甚至用交换理论来解释爱情生活中的满意感，并给出了一个公式：恋爱关系中的幸福感＝性生活的频率－吵架的频率。可见在恋爱关系中，性生活越频繁，吵架越少，满意感就越高。

四、文化与爱情

尽管爱是人类共有的情绪，但我们体验它的方式以及我们对亲密关系的期望都是和文化联系在一起的。我们总是倾向于认为大多数人会和自己拥有相同的感受和想法。比如，一般我们会认为爱情是婚姻的前提，事实上并不是全部的文化背景中都是这样的。一项对 166 种文化的分析显示，有 89％的人都抱有浪漫爱情的观念，这种观念通过男女之间的调情和私奔等行为反映出来（Jankowiak & Fischer，1992）。但也有一些文化，特别是在那些实行包办婚姻的社会中，爱情出现在婚姻之后而非先于婚姻。此外，直到现在，北美地区的人们（特别是女性）在做婚姻选择时，依然会受到对方经济条件、家庭背景、社会地位等方面因素的影响。

日语中有“amae”一词，意思相当于中文中的撒娇。它是一种高度正性的情绪状态，在这一状态下，个体完全是爱的“傀儡”，被爱侣娇纵宠爱。在英语或是其他任何西方语言中并没有和 amae 对应的词语，最接近的词语是依赖，在西方文化中，成人关系中的这种情绪状态被认为是不健康的。

与此类似，中国的“感情”概念和西方人眼中的浪漫爱情也有所区别。“感情”是通过帮助和为你爱的对象做些事情来实现的。例如，一个“浪漫”的行为可能是帮助爱的对象修理自行车或是帮助他/她学习新的材料（Gao，1996）。在韩国，“jung”代表一种特殊的关系，“jung”的含义远远超过了“爱”，它是将两人联系在一起的纽带。处于新关系中的伴侣或许能互相感受到强烈的“爱”，但是他们还没有发展出强烈的“jung”，而后者需要时间和共同的经历。

Phillip Shaver 和他的同事（1992）研究了在不同的文化中，浪漫式的爱或激情式的爱是否和相同的情绪联系在一起。他们要求来自美国、意大利和中国的被试把几百个情绪词分成不同的类别。结果发现，不同文化之间的爱既有相同之处，也有区别。最令研究者惊讶的差异是，在中国人身上存在着所谓的“悲伤的爱”：中国人有许多关于爱的概念都带有悲伤的意味，例如“悲情”（sorrow love）、“怜惜”（tenderness pity）和“悲怜”（sorrow pity）。而“悲伤的爱”在美国和意大利样本中只占很小的部分，可见在西方文化中，这个类别并不被视为是爱的主要组成部分。

Rothbaum 和 Tsang（1998）还试图弄清楚中国和美国的爱情流行歌曲中的歌词是怎样揭示爱的体验的。他们发现与美国相比，在中文爱情歌曲中爱情带来的痛苦和它的负面后果更加明显。尽管中国的歌曲比美国的悲伤，但两国之间对于爱情强烈程度的描绘并不存在差异。研究还发现，中国歌曲和美国歌曲把爱表述为“激情而狂野”的程度是一样的。

Goodwin（1999）还考察了中国文化中“缘分”的概念，这是一种关于人际关系早已命定的信念，认为命运决定了人际关系的走向，爱侣对于他们之间的关系是无能为力的，如果关系出了问题，双方也无法挽回，必须接受命运并承担随之而来的痛苦。

也有一些研究者发现，浪漫爱情的定义和体验在集体主义和个人主义文化中是不同的。亚洲人更可能认同一种伴侣式的、基于友情的浪漫爱情。在一项研究中，Levineet 等人（1995）对 11 个国家的大学生进行了调查，询问他们：“如果有一位异性具有你渴望的一切品质，如果你不爱他/她的话，你会和他/她结婚吗?”结果发现，为爱而结婚在西方国家（例如，美国、巴西、英国和澳大利亚）中被视为是最重要的；而在一些东方国家（例如，印度、巴基斯坦和泰国）中则最不被重视。这些研究的结果表明，从某种角度来说，浪漫爱情的定义是具有文化特异性的。

在不同的文化中，爱情行为也是不同的。我们都会体验到爱，但是我们不一定要以同样的方式去爱，至少我们并不使用同样的方式来描绘它。人类学家通过研究 166 个社会中的爱情行为，发现浪漫爱情在 147 个社会中存在（Jankowiak，1995；Jankowiak & Fischer，1992）。因此，即使浪漫爱情在整个人类中是一种普遍存在的现象，特定文化规则也会改变这种情绪状态被体验、表达和记忆的方式。就像 Robert Moore（1998）在中国进行的研究中所总结的那样，“与西方的年轻人相比，中国的年轻人爱得同样很深，也体验到相似的甜蜜和痛苦。但他们的爱依据的是这样的社会准则：为了家庭而牺牲个人的利益……这意味着避免盲目的爱、随意的性交，以及可能会忽视家庭利益的约会”。

主题三

学会沟通

导引

当孩子受到鼓励和尊重，坦诚地说出困扰他们的情绪时，这种情绪才能得到释放。

积极的倾听方式正是促成精神宣泄的办法。它能帮助孩子弄清自己的情绪。

在孩子说出自己的情绪后，这些情绪常常会奇迹般地消失。

——美国心理学家托马斯·戈登博士

本主题主要讲述的内容包括：沟通的规律、用心倾听、亲子沟通、家庭教育等。通过本主题内容的学习，你可以掌握良好沟通的方法、体验亲子沟通的不同阶段，以及窥探到复杂的家庭教育中的规律。

请大家在本主题学材的指引下，观看每个知识点的微课，加深对理论知识的理解，并试着将其与我们生活中的沟通相联系。然后，在规定时间内完成本主题作业。只有全部完成上述各项内容，你才算完成了本主题学习任务。

学习目标

知识目标

学习完本主题内容后，你将能够：

- 阐述沟通中常见的问题及正确的沟通方法；
- 解释什么是亲子沟通及亲子沟通时应注意哪些问题；
- 描述家庭教育的内涵、属性及特点；
- 描述家庭教育中亲子关系的特点。

思政目标

- 树立文明友善的价值观；
- 运用沟通技巧解决家庭情境中的交流问题，促进良好家风的形成。

接下来让我们一步步深入理解本主题的学习内容。首先，我们来熟悉一下本主题内容的整体框架。

思维导图

以下是本主题内容的整体框架以及学习这部分内容的思维过程规划。此图可以帮助你从整体上了解本主题内容的知识结构和学习路径，包括沟通的规律、用心倾听、亲子沟通和家庭教育。请你仔细品读和理解，帮助自己建立对本部分知识的整体印象。

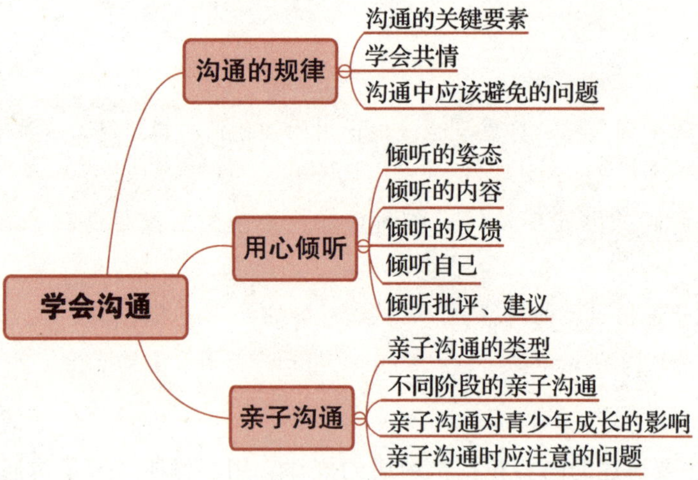

看完上面的思维导图后，你是否已经对本主题所要学习的内容以及如何学习这些内容有一个初步的整体印象了呢？接下来，我们在这个整体框架的指引下逐一学习每个知识点的具体内容。我们需要重点学习沟通的规律，了解在家庭环境下如何开展亲子沟通。同时，在学完这些的基础上，要试着将它们与现实生活进行对接和思考，这样可以帮助你更好地内化所学知识点。

沟通的规律

知识点一　沟通的规律

学前思考

心理学上有研究表明，沟通的效果达成主要包括三个方面：占比55%的肢体语言，比如眼神、动作；占比38%的语音和语调；还有最后一部分是什么呢？那就是内容，仅占比7%。在表达的过程中，我们应该如何表达内心的感受，如何让对方了解自己的意图，达成沟通的目的呢？

一、沟通的关键要素

（一）观察

要把观察和评价区分开。例如，你看到你爱人在淘宝上买了一堆东西，说“你太浪费钱了”，这就是评价，不是观察。按照非暴力沟通的方式说“我看到你又买了很多东西，我觉得你太浪费钱了”，这样就把观察和评价分开了。

在评价所塑造的关系时，评价者和被评价者之间的关系是不对等的，评价者总是高高在上的。

（二）表达感受

要表达自己的情绪和感受，而不是想法。“你在房产证上不加我的名字，我觉得不公平”，“不公平”是想法而不是感受。“你在房产证上不加我的名字，我觉得很沮丧”，这就是在表达感受。

现在体会一下，如果有一个人和你说“我很委屈”，你的第一反应肯定不是批评他，而是去理解他、安慰他，这就是为什么我们要表达感受。也许你会问，我们为什么很少去谈感受呢？因为在我们小的时候，太多对于感受的表达被我们的家长浇灭了，当我们哭的时候，他们不让我们哭，久而久之，我们就认为表达感受是不好的。

什么是我们感受的根源呢？是房产证这件事情吗？当然不是，是自身，我们自己才是我们感受的根源，我们需要为自己的感受负责。让别人为我们的感受负责和我们自己为自己的感受负责，是截然不同的应对方式。如果是前者，会说“你没在房产证上加我的名字，我很失望”，也就是说我的失望是你引起的，因为你没写我的名字，所以我失望。而如果是后者，就会说“你没在房产证上写我的名字，我很失望，是因为我自身缺乏安全感”，这就说出了自己的需要。通过这种表达，我们便把自己的需要和对方的行为区分开来，从而承担起了关系中我们对自己的行为和感受的责任。

（三）用事实说话

沟通的时候，尽量用事实说话，可以很好地降低沟通成本。我们往往做不到用事实说话的原因有以下两点：

（1）盲目自信。马克·吐温曾经说过：“不懂的事情，你自然会加倍小心；惹祸上身的多半是你自以为懂的事情。”盲目自信的原因可能是接受了错误的知识，比如，没有人告诉你跑步的时候用脚跟着地是错误的，你会觉得自己的姿势很正确。

（2）感知差异。每个人的成长背景不同，导致每个人的心理状态、期望、社会认同都有所不同，面对同一件事情，大家的评价也就很不相同。

（四）内容有吸引力

说的内容要有吸引力，比如学生们上课时听得无精打采，老师一句“这可是重点，考试必考”，学生们立刻专注起来。

吸引力表现为两种：理想实现型、烦恼解决型。第一种是为了实现“变成这样就好”“得到这个就高兴”的愿望；第二种是为“不搞定就成大麻烦”之类的问题提供的办法。

专栏 3－1

如何演讲

开头：以“你们”开头，说出听众的心声；运用有震撼力的数字。

提出问题：“你们当中有多少人花了人生近一半的时间开会？”“你们有没有人知道现在北极熊的数量？”

令观众震撼：“我们正面临一次前所未有的挑战……”

坦白：“我一直害怕公众演讲，所以我更加努力地去学习……”

运用“想象”这个词：“想象一下未来10年各位的购物习惯……”

讲故事：“今天早上我一出门，我儿子问我……”

路线图：带听众了解演讲流程，如告诉听众演讲时间、议程安排、互动规则。

发现：讲述你需要对方知道的三件事。

甜点：完美收尾，让听众记住你的演讲。最好的甜点是一则故事、一个比喻或想象、名人名言等。

二、学会共情

共情，又称为移情、同感、共感、神入、感情移入等。共情是一种体验别人内心世界的能力，而别人的情绪是进入其世界的钥匙。

19世纪末期，共情开始受到心理学界的关注，到20世纪40年代末期，对共情的实验研究兴起，不同的学者从自身的理论视角出发，对共情的概念和结构进行了不同的界定。有些心理学家认为共情是一种情感认知状态，有些心理学家将共情表述为一种能力，还有些心理学家把共情看成是一个多阶段的体验过程。

1897年，德国心理学家将“共情”从美学引入心理学，认为共情之所以发生，是因为外在客体自身所具有的丰富表现力。外在客体将其客观特征强加给了主体，迫使主体被动地、直觉地进行模仿，并在模仿中获得心理体验。当主体获得外在客体的内在活动时，会与外在客体产生联合，发生共鸣。这一过程被称为最圆满的共情[①]。共情过程是一个被动的、消极的过程，是主体对事物特征的被动反应。

1909年心理学家爱德华·布拉福德·铁钦纳（Titchener）根据希腊词语empatheia创造了英文术语empathy，来表示欣赏另一个人的情感。自此，共情才出现在心理学大辞典中。Titchener倾向于认为共情是个体主动、努力进入另一个人内在世界的过程。其观点与后来重视共情认知成分的学者的认识较一致。

有研究者把共情看成一种情感反应，他们关注共情中的情绪特征，认为共情中虽然有认知的参与，但情绪的反应特征是更为重要的。他们将共情定义为对一个刺

① 陈晶，史彪，张建新．共情概念的演变［J］．中国临床心理学杂志，2007（6）：664．

激或一个作为刺激的个体做出的“替代性反应”，其核心是个体与他人情感状态的相似性。Batson 认为典型的共情是对他人的怜悯、柔情、同情、关心之类的情感。Eisenberg 则认为共情源于对他人情感状态的理解，是与他人当时体验到的或预期会有的感受相似的情感反应。

也有些研究者认为共情就是一种认知结构，在这些研究者看来，共情就是建立在他人体验基础上的一种觉察。比如，一个孩子看到另一个孩子因手被割破而哭泣时，会说：“疼吧，吹吹就不疼了。”Wipe 对共情的定义是能够区分自我和他人的个体无评判地理解他人积极或消极情感经验的努力。Ickes 认为共情应该被界定为推断他人特定想法和感受的能力。Hogan 则指出共情就是设身处地地理解他人的想法，在智力上理解他人的情感状态。

专栏 3-2

共情不是什么

共情不是讲道理、说教。思想家、教育家卢梭说，世界上最没用的三种教育方法是：讲道理、发脾气、刻意感动。

共情不是同情。同情的本质是怜悯，挫败对方自我振作的力量。

共情不是比惨。“你这个不算什么，我那时……”，此时关注点在转移，让对方觉得自己的问题不值一提。

共情不是放任行为。接纳情绪，不代表放任行为。

共情不是给建议。

三、沟通中应该避免的问题

（一）避免批评，就事论事

“你昨晚没有打扫厨房地板，我真的很生气，我们说好了轮流做的”，这是在描述事实+说出感受。但很多时候我们会升级为批评，如“为什么你总是这么不长记性？轮到你打扫厨房地板的时候，还要我亲自动手，你就是不上心”，这样的话是不是经常听到？我们来分析一下这句话，首先把这一次上升到“总是”，然后还给对方贴上了标签“不上心”，想象一下对方听到后会是一种什么感受？所以我们只要把我们看到的事实描述出来就好，当然还可以加上自己的感受。

（二）避免污蔑

污蔑更多的是体现在肢体语言上，比如翻白眼、讥笑、挖苦、冷嘲热讽等。要避免污蔑，就要多赞赏对方，看到对方为家庭、为别人做的事情，并且表达你的感谢。

（三）避免反驳

很多人受到批评时会进行反驳，比如，当一个人被批评“总是回家就看电视”的时候，他可能进行反驳，如“你是什么意思？谁说我总是看电视了？我是在工作，我看新闻不行吗？你才总是看电视呢”，这种反驳的深层意思是什么呢？就是“问题不在我，是你的问题”，这样对问题的解决没有任何帮助。同时有研究表明，这种方法很少能取得预期的效果，进攻的一方不会因此退让或者道歉，因为反驳实际上是一种谴责对方的方式。要避免反驳，就要承担起责任。比如，你可以说“我知道你很累，忙碌了一天，但我工作了一天也很疲惫，只是想通过电视放松一下，不如这样，现在我们一起照顾孩子，然后晚些时候我们一起出去散步放松，怎么样？”，通过这种方式承担起责任。

（四）避免沉默抵制

沉默抵制就是冷战，也就是冲突中的一方不再回应，这种方式看似可以避免争执，但是也让解决争端的希望破灭。也许你会问，在被批评的时候可以怎么做呢？不妨“休息一下”，直接告诉对方“我现在想出去休息一下，20 分钟后回来咱们再聊”。等到回来后头脑清醒了，重新开启沟通。

用心倾听

知识点二　用心倾听

学前思考

用心倾听，你会吗？

听的繁体字写作“聽”，在这个字里面我们可以看到有什么？听不仅仅是靠耳朵就可以的，还需要有心、有目，要把各个感官都调动起来。

美国芝加哥郊外的霍桑工厂是一个制造电话交换机的工厂，这里有较完善的娱乐设施、医疗制度和养老制度等，但工人们仍然愤愤不平，生产状况很不理想。后来，心理学家专门对其进行了一项实验，即专家用两年时间，找两万余名工人分别谈话，规定在谈话过程中要耐心倾听工人对工厂的各种不满和意见。结果这一谈话实验收到了意想不到的效果，霍桑工厂的产值大增。

我们在倾听时，常常会犯一些错误，比如：

建议：“我想你应该……”

比较：“这算不了什么，你听听我的经历……”

说教：“如果你这样做……你将会得到很大的好处。”

安慰：“这不是你的错，你已经尽最大努力了。”

回忆：“这让我想起……”

否定：“高兴一点，不要这么难过。”

同情：“哦，你这可怜的人！”

询问：“这种情况是什么时候开始的？”

辩解：“我原想早点打电话给你，但昨晚……”

纠正：“事情的经过不是那样的。”

那么，我们应该怎样去倾听他人呢？

一、倾听的姿态

在倾听时，我们的肢体语言可以告诉对方我们是否在用心倾听。那什么样的肢体语言表示用心倾听呢？

首先要注视着对方，不能是对方在一边说，你在一边忙别的，那显然不是在用心倾听。也许你会问，如果这个时候真的有需要处理的事情呢？那可以直接告诉对方你现在有些忙，等 20 分钟之后你再和他谈。

其次就是在对方说话的过程中，你要有耐心，不要打断对方。如果你的朋友无法立即说出他的感受，请保持耐心并且不要感到不耐烦。当对方表达和你有关的感受时，不要保持防御或者觉得自己被人攻击，给对方一个安全的空间来表达自己，在对方讲完之后，你再说出自己的想法。可以使用反思性倾听，反思性倾听是指当对方说完一件事情，你做一个总结，让对方能够继续把事情讲清楚，比如“我明白你现在感觉很受伤”。

二、倾听的内容

当我们倾听别人说话的时候，我们需要听什么呢？

（一）事实

听的过程中要注意对方描述的是不是事实。如果不是，我们可以酌情通过提问题引发对方的思考。

比如，对方说“今天又和我先生吵了一架，他最近老是挑我毛病”，注意这里面对方提到了“老是”“挑我毛病”，我们就可以问：“你说的老是，大概是什么频率呀？你说挑你的毛病，那他是说你什么了呀？”对方可能会说“他说我炒菜不好吃”。我们可以接着问：“那你觉得说你炒菜不好吃就是在挑你的毛病，对吗？”通过问题来把对方引到理性思考的层面。

人其实都有一种想要评价其他人的自然倾向。比如，当我们听完一个演讲时，一个人说“我不喜欢那个人的演讲”，这时，其他人自然也会做出评价，如“我也不喜欢”或者“没有啊，我觉得挺好”，等等。抱着同理心倾听，意味着对方发表意见时，你的反应是“为什么呢？我想听听你的看法”，然后，无论你是否赞同对方的看法，都可以从中得到一些启发。

（二）感受

听的过程中要听出感受，捕捉到感受，这就离对方内心的需求不远了。在前面提到的案例中，通过交流可知对方内心真正的需求是来自先生的赞赏和认可，而她又不会直接去表达需求，那我们就可以在倾听的过程中给予对方认可、赞赏，以满足其倾诉的真正需求。

三、倾听的反馈

倾听的反馈并不仅仅是倾听时注视着对方，还需要配合其他肢体动作，比如点头，简单地回应“哦，这样呀”等，让对方知道我们是一直在听着的。

可以考虑使用疑问句给对方反馈，同时问题可以集中在以下几点。

（一）对方的观察

如对方说“你整天不回家，这日子没法过了”，也许你真的不知道她在说什么，那就直接问：“我很困惑，不知道你说的是哪件事情，告诉我好吗?”“上周我有三个晚上不在家，你说的是这回事吗?”尤其要注意的是语音、语调以及对应的肢体语言。

（二）对方的感受和需求

如“我晚上不回来，你觉得很孤单对吗?”。

（三）对方的请求

如“你是不是希望我工作不要那么辛苦?”。

四、倾听自己

我们知道了如何有效倾听别人，同时也要倾听自己，因为可能对方并不懂得如何倾听。要倾听自己情绪背后的感受和需求。

案例 3-1

我和先生就某件事情如何处理产生了不同意见，我想马上去做，先生觉得可以再等等，同时他说“你来决定吧，我说了你又不听”，听到这儿我的火就上来了，当时正好拿着一个苍蝇拍，我狠狠地向着沙发拍了一下，先生也出去了。

我在他走后就开始了对自己的倾听，我为什么会有这样的情绪？我的需求是什么？最后，我明白了原来是自己一直对自己的拖延症有很深的不满，而先生又不想马上去做这件事情让我对我自己的不满产生了投射，然后就很看重这件事情，进而引发冲突。

到这里我的心情已经舒缓了很多，接下来就继续倾听头脑中的声音，“以后在工作生活中要勇于承担，管理好时间”，同时还对自己说“有拖延症的是我、勇敢承担的也是我，我集两者于一身，是多么幸福的一件事情呀”，对自己反复说了多遍，内心也疗愈了。

没有人是完美的，但不要被自己的情绪或者说潜意识控制。

五、倾听批评、建议

一个人在听到别人的批评的时候，可能会因为彼此之间的关系、沟通的整个氛围、沟通者之间的权力态势，以及每个人自身的性格特点而有以下不同的反应方式：

（1）自责。这种情况一般出现在你对对方非常尊重、非常信任，甚至是觉得有愧于对方的时候。

（2）反咬。很多时候，尤其是地位相对平等、关系相当密切的两个人之间常常会出现反咬，也就是反过来指责对方的本能反应。

（3）体会。当听到对方的批评指责的时候，开始观察、体会自己的感受，做出这种反应的一般是修养比较好的人，这也是最好的状态。当别人批评指责你时，反思一下他这样说的原因是什么。

（4）直接说出需求。越是不确定自己的需求能否得到满足，我们越容易在提出需求之前用长篇大论说明我所提的需求的合理性，这时候，我们很容易陷入一种自我辩护的立场。提需求时需要注意的一点就是只专注于自身的需求，而不要去想对方如何回应，也就是放下期待。比如，你工作很长时间了，觉得累了，想得到同事的帮助，你可以说：“我很累了，能不能来帮帮我？”而不是说：“我都干了一天活了，都这么累了，你就不能帮帮我吗？”后一种表达里面含有一种指责，因为你假设对方是需要说服的，同时也假设了对方是不情愿帮助你的，把对方放到了对立面上。

知识点三　亲子沟通

亲子沟通

学前思考

在学习这部分内容之前，先来想想如果你是父母，当孩子把玩具到处乱放的时候，你会如何与孩子沟通？

1. 说过你多少次了，玩具玩完要收拾起来……
2. 你看看，有多乱，快把这里收拾干净……
3. 如果你再这样乱扔玩具，我就把玩具全部扔到垃圾桶……

沟通不一定只能通过语言进行，其实从孩子出生开始，父母就在和孩子沟通了，这种沟通主要表现为肢体动作的沟通和语言上的沟通。可以说，亲子教育其实是一种通过沟通来完成的教育，更是一种通过日常相处完成的教育。本部分我们就来一起学习如何进行亲子沟通。

良好的亲子关系需要良好的亲子沟通，作为父母也更应该掌握亲子沟通的方式方法，了解其对儿童成长的影响。在心理学规律中有一种“霍桑效应”，也就是父母要多与孩子进行良好的交流沟通。孩子在学习、成长的过程中难免有困惑或者不满，但又不能充分地表达出来，作为父母，要尽量挤出时间与孩子谈心，并且在交谈的过程中，要耐心地引导孩子尽情地说，说出自己生活、学习中的困惑，说出自己对父母、学校、老师、同学等的不满。孩子在“说”过之后，会有一种发泄式的满足，他们会感到轻松、舒畅。如此，他们在学习中就会更加努力，在生活中就会更加自信！

一、亲子沟通的类型

（一）权威型

这类父母虽然在外不一定有较高的社会地位和权威，但在亲子沟通中却要树立起绝对的权威，自己说什么就是什么，绝不允许孩子反对或拒绝，也不管自己是对还是错，甚至错了也不允许孩子反驳。父母利用自己的权威，重复个人的意见，以逼迫孩子屈服。这种沟通往往使孩子要么缺少主见、依赖他人、自卑，要么就是蔑视和背叛权威，产生逆反心理。例如一看到孩子在看电视或玩手机，就会命令孩子关掉电视或放下手机去学习。

（二）专制型

比权威型更厉害的是专制型。在这种亲子沟通中，父母常是一种居高临下的态度，要求孩子把自己的要求当作绝对真理，凡事都要按自己的要求去做。如果孩子敢反驳的话，就会打骂惩罚。父母永远是命令者、独裁者。在这种沟通中，孩子往往变得固执或软弱、自卑、胆怯。例如孩子哭着从学校回来时，父母会不分青红皂白地认为孩子一定是在学校和别人打架了，不管孩子怎么解释都没用，甚至会批评责罚孩子。

（三）责备型

责备型父母的情绪常是愤怒的、不满的、冷漠的，他们的行为常是批评的、攻击的、否定的、挑剔的。在这种沟通中，孩子往往变得破罐破摔、厚脸皮或产生逆反心理，这对孩子人格的成长极为不利。

（四）威胁型

在威胁型沟通中，父母常常警告、威胁、恐吓孩子。例如父母说：“下次再考这种成绩，休想再进家门一步!”“下次再考不好我就打断你的腿!”这类威吓会让孩子在战战兢兢中生活，同时丧失对父母的信任，甚至患上心理疾病。

（五）讨好型

这类父母将孩子视为一个有无上权威的主人，以逢迎的态度来取悦孩子，几乎是事事依着孩子，甚至不管这些要求有没有道理，只要孩子提出要求就无限制地满足。讨好型的父母经常会说：“我就是为了你活着的。”“都是我的错，让你不高兴。”讨好型可以使沟通取得暂时的好效果，但从长远来看这种过分讨好的结果会使孩子变得自私、不懂得关心别人、幼稚、缺乏自理能力等，最终孩子不但将难以与父母沟通，也将难以与他人沟通。

（六）迁就型

与讨好型类似的是迁就型，即父母向孩子的某些不理智行为投降、迁就，因害怕孩子不高兴而步步退却。迁就型沟通的家庭，表面上一团和气，但其实他们之间不是真正解决问题的沟通，是通过回避问题来“解决”问题。孩子在这种迁就型沟通模式中容易变得任性，只要求父母迁就自己，自己却很少迁就父母。其结果是孩子变得霸道，很难与别人顺利地沟通。

（七）攀比型

这类父母常常会说：“同样是孩子，人家怎么强过你这么多?”父母可能会一面对孩子严加督促，一面止不住叹息：“我要有个乖孩子就好了。”父母会对孩子加以否定，进而发展为孩子的自我否定。从根本上说，这是在慢慢毁掉孩子的自信心。孩子最讨厌父母的攀比，会恨那个比他好的孩子，当然也会讨厌父母，拒绝与父母沟通。

（八）暴躁型

有些父母脾气暴躁，动不动就发火，暴跳如雷，自己有了不顺心的事就拿孩子出气。这样的父母就像一颗炸弹，大小事都足以引发一场“亲情大战”。父母的暴躁往往造成孩子的反感，本来很好解决的问题也变得复杂起来，最后导致孩子也变得暴躁。

（九）唠叨型

唠叨型的父母往往是千叮咛万嘱咐，喋喋不休地提醒、唠叨，如“不要磨蹭了！抓紧时间做好功课吧”，其结果是使孩子厌烦。孩子可能会说：“知道了，知道了，真啰唆!”虽然父母是好心，可孩子不领情。在这种沟通中，孩子往往把父母的话当耳旁风，不屑一顾，甚至消极抵触，有时还公开顶撞。值得注意的是，唠叨会使孩子拒绝倾听家长说得非常有道理也非常重要的话，结果是孩子也没有受到应该受到的教育。

（十）冷漠型

冷漠型的父母对孩子爱搭不理，对孩子的成就或失误也满不在乎。这种沟通模式对孩子人格的负面影响很大，易使个体的性格变得冷漠，不关心他人，自私自利，甚至厌恶生活，严重的会造成人格的扭曲，甚至产生变态心理，是最消极的亲子沟通模式。

（十一）纯理智型

纯理智型父母常是固执的、冷静的、理性的、有原则的。他们的教育意识、规范意识过强，在任何时候都忘不了敲打、警示。这是一种严重缺少感情的沟通，特别容易造成亲子感情障碍。有时这种教育可能会看到眼前的“良好”效果，但从长远来说，对孩子人格的成长是非常不利的，亲子矛盾往往在孩子进入青春期后爆发出来。刻板、缺少热情、固执、偏执、社交不良等，往往会成为纯理智型家庭沟通模式下孩子的典型性格特征。

（十二）工作狂型

这些父母工作忙、会议多、出差多、应酬多，他们难得接触孩子。他们不知道孩子不只需要钱，还需要被了解，需要平时父母给一个拥抱、说一句关心的话语，需要父母多给自己留点时间。可是平时孩子连父母的面都见不着，只有在周末才能见到父母。时间长了，亲子关系越来越淡薄，亲子沟通难以正常进行。

（十三）“分数第一”型

父母望子成龙，把目光全盯在分数上，盯在学习上。父母总是怕影响了孩子学习，千方百计地让孩子学习，不让孩子玩。孩子白天上学，晚上补习，双休日还要学习奥数、英语，父母企图让孩子把天下的所有知识都吞下去，压得孩子喘不过气来。父母对孩子的态度是分高就奖励，分低就打骂。其本意是为了孩子成才，可事实上父母的做法往往遭到孩子的反对，使孩子形成逆反心理，其结果往往是导致孩子厌学，不但烦学习，而且烦父母，沟通受到阻碍，产生亲子关系危机。

（十四）民主型

在民主型沟通模式下，亲子之间民主平等，父母能和孩子平等地探讨问题，容许孩子提出不同意见。父母注意满足孩子的合理要求，和孩子像朋友一样玩耍、沟通，但同时也不失作为父母的权威，坚定地用尽量不伤害孩子自尊心的方式来拒绝孩子的不合理要求。父母能给孩子活动的余地，允许孩子有负责任的自由。他们不去唠唠叨叨，不会对每件事都发号施令，但是原则性的问题抓住不放，保持作为父母的权威。这样的父母是孩子的良师益友。这种沟通对孩子人格的影响是最为积极的，孩子往往热爱生活、善于交际、关心他人、作风民主。

二、不同阶段的亲子沟通

（一）学龄期

学龄期也就是孩子 6～12 岁这个阶段，这是一个情绪社会化继续延伸的时期。这个阶段的孩子开始比较懂事，表现比幼儿期更成熟稳定，他们会去观察周围的人如何互动，会表现出一定的观察力和理解能力。

这个阶段孩子观察最多的就是家长，给孩子一个温暖的家庭是非常重要的。此外，情绪的管理、情绪的表达、情绪的理解、情绪的调节等，孩子都在观察家长是如何做的。

（二）青少年前期：少说多做＋重复语尾

青春期是孩子 12～18 岁这个阶段。这个时期很多父母会觉得孩子开始变得不讲道理，情绪变化多端，难以相处。你甚至会发现孩子有一些让我们受不了的行为，比如自我中心、故意找碴儿等。青少年时期一个很大的变化就是性生理的变化。他们体内的荷尔蒙剧烈变化，影响到他们的大脑、身体的发育、认知的改变以及情绪人格的发展。而这个阶段的青少年，大脑最忙、身体最忙、功课也最忙。作为青少年的父母，心脏一定要强大。切记“少讲道理、不要唠叨”，给他生活的照顾，关心他，爱他，但是不要啰唆。你要做的事情就是“听”，如果你能够学会倾听，你就有办法和孩子保持沟通，如果你学不会倾听，只想一直说，就会导致冲突。如何倾听很重要，有时你只要做出倾听的“样子”就好，并不需要把他讲的内容都听进去，因为这个时期孩子说的话可能很不成熟。有个简单的办法就是重复语尾，也就是重复孩子最后一句话然后再和孩子讲道理。

（三）青少年后期：教孩子把性和爱连接到一起

父母可以借着看电视剧的机会和孩子聊天，如“如果你是女主角，你会选谁当你的男朋友啊”。或者看到电影或新闻之后，可以问问儿子“那个男生交了一大堆女朋友，你有什么看法”。你可以很轻松但是很真诚地听听孩子的看法，同时你也可以表达你对交友和婚姻的看法和期待，甚至分享你自己对婚姻的体会。在青少年时期，引导孩子慎重地看待自己的情感和身体，让情感和婚姻的教导在青少年时期打下基础，对孩子之后的成长非常有帮助。

三、亲子沟通对青少年成长的影响

（一）对人格发展的影响

良好的亲子沟通能够促进青少年人格的完善。一项针对矿工子女的人格特点及其与亲子沟通关系的研究发现，亲子沟通对矿工子女人格特质有显著影响，亲子沟通多个维度与子女人格五因素的相关达到显著性水平，家庭中父亲沟通的开放性、母亲沟通的开放性、父亲沟通的问题可以预测子女的外向性、宜人性、开放性和情绪性。

（二）对心理健康的影响

自我决定理论认为，人类具有自主、胜任与关系三种基本心理需要，这三种心理需要的满足方式和程度不仅受到个体自身能力的制约，还受到个体所处环境中多种因素的影响。良好的亲子沟通能够为青少年与儿童创造满足基本心理需要的家庭环境，从而有效促进青少年基本心理需要的满足，即良好的亲子沟通能正向预测主观幸福感。亲子沟通通过集体自尊和个体自尊的链式中介作用（亲子沟通—集体自尊—个体自尊—主观幸福感路径）影响主观幸福感。不良的亲子沟通会给青少年带来孤独感，造成社交回避，甚至还会引发焦虑、抑郁等心理健康问题。亲子沟通越好，青少年的焦虑程度越低。有研究者认为，良好的同伴关系能在一定程度上修复不良的亲子关系给儿童带来的心理影响，同伴依恋可以调节亲子沟通导致的抑郁情绪，但对焦虑的调节作用不显著。

（三）对社会适应的影响

人际关系和社会适应能力是中学生心理健康教育的重点内容，良好的人际关系和社会适应能力有利于中学生的健康成长。有研究表明，亲子沟通与家庭教养方式、换位思考等因素对亲子关系具有显著影响。不良的亲子沟通对青少年和儿童的影响是长期的。亲子沟通不仅对留守儿童的亲子分离适应有显著的影响，对曾有留守经历的大学生的研究也表明，家庭教养方式、亲子沟通方式与其情绪调节策略显著相关，影响持久。

（四）对学业成就的影响

亲子沟通质量影响子女的学业成就，良好的亲子沟通有助于青少年减少消极学业情绪，增加积极的学业情绪。亲子沟通与青少年在校发展情况之间呈正相关，亲子沟通越好，学生在校迟到早退现象越少，师生关系相处得越好，对未来预期和自信心越高。亲子沟通与学业成就二者相互影响，高质量的亲子沟通有助于青少年取得更高的学业成就；同时，学业上存在困难的学生更容易与父母发生冲突，造成不良沟通效果的恶性循环，对青少年的发展造成不良的影响。

（五）对问题行为的影响

青少年和儿童问题行为的致因是多方面的。亲子沟通的资源交换论认为青少年和儿童的问题行为与不良亲子沟通是相关的，沟通类似于资源的交换，如果父母采取严厉的教育方式，如滥用惩罚、不良监控、负强化，就会导致子女以消极方式对父母的沟通做出反应，形成不良的亲子关系，从而导致问题行为。一项针对出现问题行为的学生的研究表明，父母若采取“纠正问题”式的沟通模式，子女将采取较为消极和被动的亲子沟通模式作为回应，直接导致亲子关系的疏离和淡漠，最终导致学生出现问题行为。关于青少年网络成瘾问题的研究发现，无论是父子沟通还是母子沟通，只要亲子沟通质量较好的青少年，他们网络成瘾的可能性就更小。针对留守儿童群体的研究表明，亲子沟通在一定程度上可以弥补留守儿童亲子情感的缺失，减弱“留守”对儿童的负性影响，亲子沟通频率较高的留守儿童，出现问题行为的可能性更小，亲社会行为更多。

案例 3-2

果果，初二年级的男孩，是家中的独生子，妈妈是法学在读博士，爸爸是某法院法官。果果以前阳光温暖，成绩优异，爱好唱歌，成绩名列班级前茅。但是进入初二以来，他课堂表现有些反常：反应迟钝，注意力不集中，期中考试结束后，学习成绩明显下降。果果解释说自己睡眠不足，偶尔有耳鸣的现象。果果妈妈反馈说，孩子周末在家普遍都睡得比较晚，自从开学以来，不太愿意跟父母聊天，在家做作业时都是锁着门在自己房间。细心的班主任老师还发现，果果近段时间放学后，经常不按时到学校食堂吃饭，而是留在教室，同时总能见到班级一位女孩希希的身影，希希的眼神经常追逐着果果，而果果也经常和希希一起聊天、讲解数学题、吃小零食，两人形影不离。班主任试探性地询问他们时，两人只说是好朋友，旁边的同学却讳莫如深地笑笑，个别同学开玩笑地说“他们现在很甜蜜”。深入沟通后，果果将他们的亲密关系归结为一句话：“感觉她挺理解我的，我们很谈得来。”老师还了解到果果妈妈花在学业上的时间比较多，甚至周末都不在家，而果果爸爸又是一个在家话很少的人，果果与父母沟通的话题主要就是“学习”。果果曾尝试向母亲表达他对唱歌的热爱，希望得到理解与支持，但果果妈妈却说目前阶段应以学业为重，旁征博引，对果果进行各种学习上的训诫引导。在几次大型考试中，果果的成绩由年级前 300 名进入 150 名，甚至有一次进了年级前 80 名，而果果妈妈对他的评价永远都是：还不算太好！妈妈相信你，再努力点，你是可以做到更好的！偶尔成绩不理想，果果心情很沮丧时，果果父母也会单刀直入，让果果反思学习态度和方法，做出调整。

可以看出亲子沟通的不足导致了果果的孤独感，沟通话题的单一给果果带来了压力感，沟通中缺少倾听导致了果果与爸妈之间的距离感，沟通中缺少认同感更是给果果带来了很强的失落感。因此在进行亲子沟通时，父母应该学会陪伴、闲聊与倾听，并且对孩子的期望应该合理且适宜。

四、亲子沟通时应注意的问题

（1）对孩子寄予一定的期望并积极肯定。根据心理学规律中的“罗森塔尔效应”，每个人在生活中都会接受这样或那样的心理暗示，这些暗示有的是积极的，有的是消极的。父母是孩子最爱、最信任和最依赖的人，同时也是最容易施加心理暗示的人。如果是长期的消极和不良的心理暗示，就会使孩子的情绪受到影响，严重的甚至会影响其心理健康。相反，如果父母对孩子寄予厚望、积极肯定，通过期待的眼神、赞许的笑容、激励的语言来滋润孩子的心田，就会使孩子更加自尊、自爱、自信、自强。

（2）多点“人情味式”的表扬。根据心理学规律中的“南风效应”，在家庭教育中，“棍棒”“恐吓”之类的“北风”式教育方法是不可取的。实行温情教育，多点“人情味”式的表扬，培养孩子自觉向上的品格，才能达到事半功倍的效果。

（3）在沟通中多运用“增减效应”。我们在评价孩子的时候难免将他的缺点和优点都要诉说一番，并常常采用“先褒后贬”的方法。其实，这是一种很不理想的评价方法。在评价孩子的时候，我们不妨运用“增减效应”，比如先说孩子一些无伤尊严的小毛病，然后再恰如其分地给予赞扬。

（4）要避免产生“贴标签效应”。如果我们老是对着孩子吼“笨蛋”“猪头”“怎么这么笨”“连这么简单的题目都不会做”等，时间长了，孩子可能就会真的成为我们所说的“笨蛋”。所以，沟通过程中必须戒除嘲笑羞辱、责怪抱怨、威胁恐吓等语言，多用激励性语言，对孩子多贴正向的标签。

（5）要避免在沟通过程中过于武断或专制，否则很容易产生“蝴蝶效应”。教育孩子无小事。一句话的表述、一件事的处理，正确和恰当的，可能使孩子受益一生；错误和武断的，则可能贻误孩子一生。

练一练

假如你是父母，面对到处乱扔玩具的孩子，你会怎么进行沟通呢？

主题四

父母角色与亲子关系

导引

超限效应与亲子关系

美国著名作家马克·吐温有一次在教堂听牧师演讲。最初，他觉得牧师讲得很好，令人感动，于是准备捐款。过了10分钟，牧师还没有讲完，他有些不耐烦了，决定只捐一些零钱。又过了10分钟，牧师还没有讲完，于是他决定1分钱也不捐。等到牧师终于结束了冗长的演讲开始募捐时，马克·吐温由于气愤，不仅未捐钱，还从盘子里拿了2元钱。

这种刺激过多、过强和作用时间过久而引起极不耐烦甚至反抗的心理现象，称为“超限效应”。

其实，在家庭中，父母与孩子之间也存在着这样的情况，那面对这样的问题，我们该如何认识，如何解决呢？一起来学习本部分内容吧！

人在社会中有着多种关系。在工作中，我们和领导是上下级关系，和同事是平级甚至是朋友关系。在家庭里，父母和孩子之间是什么关系呢？父母在这种关系中又应该扮演什么样的角色呢？

本部分内容主要介绍亲子关系、家庭中的父母角色、青少年心理发展以及父母教养方式。

请大家在本主题学材的指引下，观看每个知识点的微课，加深对理论知识的理解，并试着将其与我们生活中的亲子关系相联系。然后，在规定时间内完成本主题作业。只有全部完成上述各项内容，你才算完成了本主题学习任务。

学习目标

知识目标

学习完本主题内容后，你将能够：

- 了解什么是亲子关系；
- 描述亲子关系的特征和类型；
- 列举父母在家庭教育中的角色；
- 举例说明青少年心理发展的特征；
- 阐述父母教养方式的类型。

思政目标

- 尊重科学，认同父母在家庭教育中的重要作用；
- 树立正确的家庭教育观；
- 科学认识青少年心理发展规律，形成正确的相处方式；
- 树立科学合理的教养观。

接下来让我们一步步深入理解本主题的学习内容。首先，我们来熟悉一下本主题内容的整体框架。

思维导图

以下是本主题内容的整体框架以及学习这部分内容的思维过程规划。此图可以帮助你从整体上了解本主题内容的知识结构和学习路径，包括亲子关系的类型、父母角色的定位、父母教养方式的类型等。请你仔细品读和理解，帮助自己建立对本部分知识的整体印象。

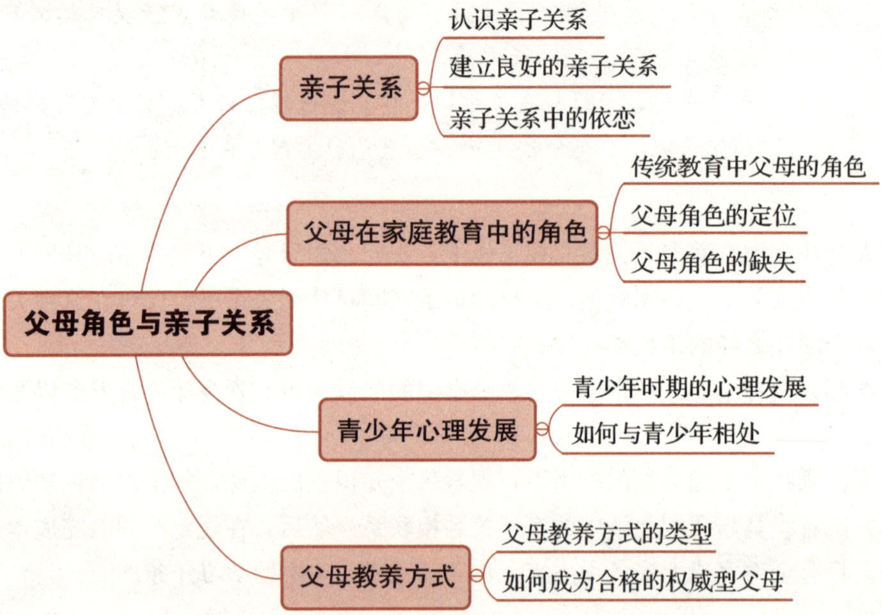

看完上面的思维导图后，你是否已经对本主题所要学习的内容以及如何学习这些内容有一个初步的整体印象了呢？接下来，我们在这个整体框架的指引下来逐一学习每个知识点的具体内容。我们需要重点学习亲子关系的类型及父母角色，了解青少年心理发展的规律。同时，在学完这些的基础上，要试着将它们与现实生活进行对接和思考，这样可以帮助你更好地内化所学知识点。

知识点一　亲子关系

学前思考

在学习这部分内容之前，先来想想你在生活中，是否对孩子说过以下话语：

1. “我再也不管你了，你随便好了！”
2. “胆子也太小了，这有什么好怕的。”
3. “住嘴，你怎么就是不听话。”
4. “一看你就没多大出息，将来……”
5. “都是小孩子，你怎么就不如别人！”

在这个世界上，父母对子女的爱是最让人动容的，长满老茧的双手、消瘦蹒跚的背影无一不是体现这一主题的各种文学作品、影视作品的经典场景片段。但在现实中，许多父母都觉得难以和孩子沟通，在教育孩子方面困难重重，而孩子们也在抱怨父母和自己没有共同语言，不理解自己，控诉父母在自己成长过程中的“虐待”。父母的爱应该是美好的，可是在很多孩子看来却变成了伤害，这就需要我们从心理学的角度出发，重新认识和进一步了解亲子关系。

一、认识亲子关系

（一）什么是亲子关系

亲子关系是儿童最早建立起来的人际关系，是个人和社会生活中重要的一部分。所谓亲子关系，是指父母与未成年子女之间一种双向作用的人际关系，儿童在父母的抚养下成长，同时儿童身心发展又影响着父母的行为。这种关系包括父母与其亲生子女、养子女或继子女之间的关系。父母的人品，对子女的抚养、教育方式以及态度等，都在这种关系中直接对孩子的身心发展产生影响，也将对儿童今后的人际交往关系产生影响。

亲子关系是一个发展过程，可以从以下三个层次理解：

（1）建立“情感联系”。通过父母与孩子之间的教养关系，彼此之间更加熟悉。

（2）建立心理安全感。美国心理学家爱利克·埃里克森（Erik·H·Erikson）的人格发展理论指出儿童发展过程中最早的一个“心理危机”就是“信任-不信任”，而安全感的获得是建立“信任”的必要条件。

（3）建立依恋。依恋是早期亲子关系的核心。依恋的特征主要有：

1）与依恋对象在一起时，孩子特别有安全感，特别快乐、轻松；

2）孩子痛苦、不安时，依恋对象的抚慰最有效；

3）在依恋对象身边，儿童愿意与人交往，也愿意参加学习、游戏等其他活动。

（二）亲子关系的意义

亲子关系是我们每个人来到世间所面临的第一种人际关系，它对我们每个人的身心健康都是十分重要的。亲子关系是孩子人生发展最重要的影响因素，对孩子性格的形成、品质的培养、意志的磨炼、与人交往模式的建立都起到了决定性的作用。亲子关系的重要意义体现在以下几个方面：

（1）亲子关系可以促进儿童愉快积极的情感的发展；

（2）亲子关系可以促进儿童亲社会行为的发展；

（3）亲子关系可以提高儿童的社会责任感；

（4）亲子关系有利于儿童的人际交往；

（5）亲子关系有助于儿童的早期学习。

（三）亲子关系的特征

1. 不可替代性

亲子关系是以血缘关系为基础的关系，这种关系是与生俱来的，具有不可替代性，即其他关系，如师生关系、朋友关系、同学关系、夫妻关系等都是不能替代亲子关系的。通俗地说，人可以选择朋友、老师，但却无法自由选择自己的父母，这是无法随自己的意愿而改变的关系。这种关系在人们出生以前就确定了，而且一旦这种关系确定下来，就不可变更。任何一方都不能选择这种关系，任何父母都无法选择自己孩子的特征，包括其心理特点，无论你是否同意，都必须接受这种现实的关系。

2. 永久性

亲子关系的永久性是其最突出的特征，这种永久性是其他人际关系所不可比拟的。人和人之间的关系，即使是夫妻关系，其永久性也远不如亲子关系。一个人从呱呱落地起，他与父母的亲子关系就开始了，并将伴随他的一生。而且，父母对孩子的教育具有长期性与渗透性。孩子一生中可以有许多位教师，然而亲生的爸爸、妈妈是终生的，是不能更换的。另外，家庭教育与生活密切结合，并渗透在生活的方方面面，无时不有，无处不在。无论家长是否意识到对孩子的教育，这种教育影响都是实实在在存在的，并潜移默化地影响着孩子的发展。

3. 全面性

父母对子女的养育功能是全面的，子女成长每一方面的责任、义务都属于家长的职责范围，都是父母分内的事。而其他人员（如教师）的责任、义务则在特定的范围内有一定的限度。赫思（Hess，1980）也指出，亲子关系与其他关系不同，亲子关系不仅直接涉及生活、养育等方面，而且家长养育子女没有固定的时间，尤其是对学龄前和学龄初期儿童的养育是全天候的，同时父母的角色功能是长久的、终生的。而其他关系，如师生关系是特定的，多局限于教育、教学范围，教师对学生的职责是有特定的时期与阶段的。

4. 无私性

父母对子女的爱是奉献、是给予，这种爱是不索取任何回报的，所以它是无私的、崇高的。子女依恋父母，这是人之常情。从孩子出生起，母亲的怀抱、父亲的眼神、亲人的疼爱都会使孩子感受到父母及亲人的爱，并在美好的感受中产生快乐的情感体验。同样，孩子也会给父母带来无限的欢乐，成为他们幸福生活的一个重要源泉。而且，亲子间以情感满足为主，并不追求其他更多的功利性目的。亲子双方在互动过程中孕育了浓厚的亲情，以此维系良好的亲子关系。这种关系伴随着深厚的情感体验，彼此的亲切接触容易使双方产生安全感和信任感，亲子关系中的这种情感力量是巨大的。马克思曾做过精辟的论述："哪里有比父母的心怀更为神圣的珍藏之所呢？父母是最仁慈的法官、最亲密的朋友，是以自己的火焰来温暖我们的进取心的爱的太阳。"[①]

5. 阶段性

亲子关系随着孩子年龄的变化而呈现出不同的特征。婴儿时期的亲子关系是直接的，是由父母给予关怀，婴儿依赖父母，尤其是母亲，他们对母亲的称赞与关心的企求十分强烈，害怕被母亲拒绝。到了小学阶段（儿童时期），由于空间扩大，儿童会出现对社会环境及学校的适应问题，他们认同的对象由父母扩大到教师和同学，儿童的亲子关系已经不再只由父母进行单向的增强，父母对儿童的行为或加以限制或加以接纳，但这时期重要的依附关系的种种特征仍十分稳定。到了中学、大学的青年时期，孩子从儿童走向成人期，心理上逐渐向家庭之外发展，与友伴确立和谐的关系，寻找自己认为有意义的职业，渴望摆脱他人的束缚，有时会与父母发生冲突，如果处理得好，子女便能理解父母的苦心与想法，对父母的感情又可恢复到儿童时期那样浓厚。可见，父母要根据各阶段亲子关系的特征，决定其态度和行为方式，处理好亲子关系。

（四）亲子关系的类型

1. 养育型

在这种亲子关系中，父母的主要功能是养育子女，其他功能明显不足。这种亲子关系形成的主要原因是：父母将自己的全部精力都用于照顾孩子的生活，即主要用于解决孩子的温饱问题，他们没有更多的时间去教育孩子。他们认为，养育孩子是他们的责任，教育孩子则是学校的任务。在实际生活中，很多父母将注意力集中在孩子的饮食上，只知道改善孩子的生活条件，却很少关心孩子的心理品质，很少考虑对孩子的教育方式，导致家庭与学校之间缺乏沟通与合作，使学校教育的效果大打折扣。

2. 私有财产型

在这种亲子关系中，父母将孩子作为自己的私有财产，认为自己可以任意操纵孩子，可以凭自己的意见和情绪对待孩子，如随意批评、指责孩子或指挥、命令孩子。他们的观点是：孩子是我的，孩子就得听我的。父母不考虑孩子的意见，不考虑孩子的情感，孩子的任何反抗都会使他们出现强烈的愤怒行为，孩子对父母只能是服从。孩子失去了独立和个性，成为被动服从的机器。

3. 反向型

在正常的亲子关系中，父母处于主导地位，是这种关系的支配者，决定着这种

---

① 马克思，恩格斯．马克思恩格斯全集：第47卷．北京：人民出版社，2004：5-6.

关系发展的方向。但是，反向型的亲子关系则是子女处于支配地位，父母处于从属地位，所有的决定几乎都依赖子女。但是，由于子女的社会阅历很浅，思维也很不成熟，因此很容易出现判断失误，这必然给家庭带来很多问题。如果父母从小对孩子娇生惯养，百依百顺，孩子长大后就可能出现这些现象。

4. 冲突型

在这种亲子关系中，亲子之间出现明显的冲突，父母攻击子女，子女反击父母。这种攻击主要表现在以下几个方面：

（1）身体攻击，即父母体罚子女，子女攻击父母；

（2）言语攻击，即父母用激烈的言辞责骂子女，子女也用同样的方式对待父母；

（3）心理攻击，即父母用冷落、讽刺以及心理折磨的方式对待子女，子女则对父母表现出很明显的逆反行为，通过自己的行为表现来激怒父母，甚至通过犯罪等极端行为来报复父母等。

5. 泛爱型

在现在的独生子女家庭中，泛爱型亲子关系的表现非常突出，具体如下：

（1）过度保护。对孩子做较多的限制，如不让孩子外出，不让孩子和他人交往，不让孩子独立地从事一些力所能及的活动。结果是使孩子形成胆小怕事、容易抑郁的个性。

（2）完全赞赏。不论孩子做出什么行为，父母一味地赞赏孩子，很少对其做出是非评价。结果是孩子做出正确的行为，父母给予鼓励和赞赏，做出错误的行为却不能及时给予纠正或正面引导，因此无法使孩子形成正确的是非观和价值观，不利于孩子良好个性品质的形成，而且易使子女形成蛮不讲理的性格，甚至表现出强烈的攻击性。

6. 亚平等型

亲子关系本来就是一种不平等的人际关系，亲子行为是一种不平等的人际行为。如果亲子之间表现出完全平等的关系，就会出现明显的问题，实际上这种关系也是无法存在的。因为，子女对父母的依赖性较强，如果父母无法使他们依赖，那么他们就会有突出的不安全感，子女心理就容易出现问题。但是亚平等型是一种较有利于子女心理健康的良好关系，其特点是：父母在孩子的面前有一定的权威，同时对孩子也有较充分的民主，凡是要做出与子女有关的决定，父母都会征求子女的意见。对很多问题，子女可以提出自己的看法，也可以对父母的某些做法提出反面意见。父母和子女的关系基本平等，既有父母子女的亲情，又有朋友之间的友谊。但是，在这种关系中父母仍起主导作用。在各种类型的亲子关系中，亚平等型是最健康的一种。

二、建立良好的亲子关系

（一）父母如何建立良好的亲子关系

（1）父母要正确定位自己的角色，塑造易于亲近的、美好的优良形象。可以跟孩子做好朋友，多交流，而不是摆出一副高高在上、难以沟通的样子。关爱和严格要并重。

（2）父母要多关注孩子的心理变化，尽早发现并开导孩子的不良心理症结。父母要乐于满足孩子的合理要求，也要适时否决孩子不合理的野蛮要求，但父母不能严词厉色，要用温和的态度，而且要说明为什么拒绝。

（3）父母也要尊重孩子，相信他们能做好，帮助他们建立自信，让他们感觉到自己的重要性。这样的亲子关系，可以让孩子变得有责任感。

（4）给孩子成长的空间。采用科学的教育理念，给孩子空间，支持孩子独立直面挫折，解决问题，让孩子从小养成尊重师长、关爱朋友等好习惯。

（5）营造和谐的家庭关系。温暖美满的家庭环境，会让孩子形成乐观的生活态度，正确面对生活中的各种问题，游刃有余地解决人际交往问题。

（二）建立良好亲子关系的技巧

建立良好亲子关系的技巧

1. 不当“法官”，学做“律师”

有的父母在孩子遇到问题时，就开始用“法官”的态度来教育孩子，没有全面地了解孩子，高高在上，单纯地说教，这样只会让孩子产生抵触心理。父母应当像“律师”一样，充分剖析孩子的内心需求，不要轻视他们的自尊，给予并维护他们应有的权利，和他们成为互相信任的朋友。

2. 不当“裁判”，学做“拉拉队”

人生，就是一个大赛场，孩子必须自己参赛，父母不能替代孩子面对生活，更不能当“裁判”，而是应作为“拉拉队”来给予孩子鼓励，给予孩子力量。面对日常生活、学习等各方面的问题，父母要充分给予孩子空间，让他们做出选择，而不是擅作主张，一味地替孩子决定。

（1）选择前：尽量不要引导孩子，导致孩子做出父母自认为好的选择，而是给孩子足够的选择，让孩子真正面对各种问题，留下印象，总结经验教训。

（2）选择时：父母依旧不要提出过多的想法，除非孩子做出的选择会伤害到他们，让孩子自行选择并承担结果。

（3）选择后：在孩子做出正确的选择后，父母应当为孩子感到骄傲，感到开心；倘若孩子的选择并不合适，父母也不要嘲讽孩子，而是让孩子总结经验，以便下次做出更好的选择。

3. 不当“驯兽师”，学做“镜子”

以人为镜，可以明得失。只有清楚地了解、认识自己，才能超越自己。因此，孩子只有对比他人的行为举动，才能真正认识自我。这也就体现了父母的作用，父母要学做“镜子”，让子女愿意与父母交流，这样才能真正帮助子女提高综合素质。

（三）如何改善不良的亲子关系

（1）避免过早地让孩子识字、抄写文字，让孩子从小就开始死记硬背是不科学的，而是应该通过非语言的沟通方式教导孩子，注意教育方式的灵活多样。

（2）俗话说“七岁看大”，父母不应关注一个七岁的孩子能背几首诗，会算几道计算题。父母应该在孩子七岁以前，让孩子尽量多增加认知世界的体验，如实际生活、社会经验、情感体验和美感等。这些体验会更多地刺激大脑和神经系统，让孩子提高理解能力和选择判断能力，面对亲子关系的问题能去正确理解和选择。

（3）父母应该避免过早地、过于粗略地教给孩子分类概念，最好是教给孩子“不仅……而且”“既……又……”的概念。在孩子三岁前，父母的教育会让孩子树立是非观。父母不要将自己成人的思想强加在孩子的想法里，要教给孩子，文化不是单一的、是多样化的；一个人的是非善恶并不是绝对的，角度不同，想法就不同。

（四）建立良好亲子关系的关键期

在孩子六岁以前，很多父母都不知道如何教育孩子为好，因此有很多家长不管孩子是否有兴趣，是否有天赋，就擅自安排孩子去学一些艺术特长或技能，比如画画、舞蹈、围棋等。其实，如果孩子不感兴趣，盲目的学习基本上不会对孩子的未来产生积极的影响，反而可能会破坏亲子关系。

亲子关系是否亲厚、融洽，在一定程度上影响了孩子的教育方向。假如亲子关系恶劣，父母对孩子的教育就无法起作用，孩子并不想听父母的教育；但是如果亲子关系良好，孩子就会好好配合父母，还会听从家长的教导，在不知不觉中学到很多，比如关爱他人、平等。父母的言传身教，会对孩子产生潜移默化的影响，让孩子学会公平待人，富有责任感，将来孩子走上社会，也会更受欢迎。

三、亲子关系中的依恋

依恋是早期亲子关系的核心，是由英国精神分析师约翰·鲍尔比最先提出的一个心理概念，是指婴儿与母亲（或能够代理母亲的人）之间所形成的由爱连接起来的永久性心理联系。哺乳是为了让婴儿的生理需要得到满足，而依恋则是一种情感上的满足，是婴儿对在自己的精神过程中扮演重要角色的母亲以及代理母亲的养育者的持续反应系统。

依恋是在婴儿与成人的相互作用下形成的，最早产生于母婴之间，因为母亲是婴儿接触最多、最广泛的抚养者。在与母亲最密切的感情接触与交流中，婴儿与母亲之间建立起一种特殊的社会情感联结，即对母亲产生依恋。虽然婴儿最初的依恋对象是母亲，但如果父亲与婴儿的交往增多，婴儿也会形成对父亲的依恋。依恋的形成是相互的，父母对婴儿的精心护理、关爱使婴儿对父母产生依恋，而婴儿的微笑、发声、长相可爱及满足父母希望等也会使父母对婴儿产生依恋。

（一）依恋的发展阶段

（1）第一阶段（出生到 3 个月）：这是对人物不加区别地定位和表现信号行为

的阶段。婴儿虽然还不会识别某一个特定的人，如母亲，但已会向人表现出信号行为，这种行为容易激发母亲的母性行为。因此，母亲和婴儿在一起的时间较多。

（2）第二阶段（3～6 个月）：这是对特定人物进行定位和表现信号行为的阶段。婴儿对母亲或代理母亲的人表现出自发性喜悦之情，并表现出伴有喜悦情绪的反应。

（3）第三阶段（6 个月到 3 岁）：这一阶段随着信号行为的发展，婴儿会极力维持与特定人物的关系。这时婴儿会进入“陌生人焦虑时期”，对陌生人表现出警戒和惧怕的情绪。如果很好地对待婴儿的信号行为，就能够减轻他们的惧怕和不安情绪。与此同时，婴儿在探索行为中，开始把母亲作为安全基地。

（4）第四阶段（从 3 岁开始）：这是与依恋对象建立确定关系的阶段。孩子会与母亲或代理母亲的人形成一种永远的联系，能对依恋对象的行动进行预测，能洞察依恋对象的情感和动机。在这个阶段，孩子已拥有对依恋对象持续反应的系统。

（二）依恋的类型

美国心理学家玛丽·安斯沃思（Maryk Ainsworth）等人根据约翰·鲍尔比的依恋理论将母子依恋的类型分为以下几种。

1. 安全型

在这类依恋关系中，婴儿[①]与母亲有着安全的情感联系。当与母亲在一起时，婴儿喜欢与母亲接近，但不总是靠在母亲身边，而是放心地玩耍。当母亲离开时，他会表现出不同程度的痛苦；当母亲回来时，会立即接近母亲，寻求抚慰，并很快恢复，继续玩耍。他们对陌生人会表现出不同程度的警戒和怕生，但也会表现出试图接近和友好的态度。在安全型依恋中，母亲对婴儿的情感需要比较敏感，幼儿对母亲有较强的信任感，把母亲作为“安全基地”。

例如：乐乐，9 岁，三年级，平时由爸爸妈妈照顾。今天乐乐是由妈妈送来上学的，她跟妈妈道别后就走向班级，在去班级的路上碰到了班里的同学，乐乐和他们打了招呼，然后和要好的几个同学一起牵手走进了教室。在课间时，乐乐和其他的小朋友玩起了游戏，乐乐是他们的老大，因为乐乐总是能提出把游戏玩得更好的方法，乐乐还会教小女生叠各种好看的折纸。

2. 回避型

在这类依恋关系中，婴儿对母亲采取的是一种回避态度。当母亲在场时，婴儿很少理会；而当母亲离开时，也是漠不关心。当母亲再回到他身边时，他会回避与母亲的交往，母亲抱他时会挣脱或移动身体。婴儿对待陌生人甚至比对待母亲的回避要少。造成这种情况的原因有两个：一是母亲对婴儿的情感需要不敏感，缺少温情，呆滞或者习惯于采取拒绝的养育方法，不愿意对婴儿表现出喜爱和亲昵，很少

---

① 在安斯沃思（Ainsworth）与同事（1978）设计的陌生情境测验中，实验对象是婴幼儿，但是后来在对儿童的依恋类型的研究中发现，各种依恋类型的研究结果同样适用。

给婴儿带来愉快的感觉；二是婴儿由多人抚养，没有形成对母亲或某一个特定的人的依恋。他们长大后与父母之间的关系是不融洽的，经常采用回避或保持距离的策略，但又害怕分离。

例如：童童，男，8岁，二年级，与父母同住。有一次在课间游戏时，他与其他小朋友猜拳决定谁先玩，他赢了，但他并没有表现得很开心，其他小朋友给他加油时，他的表情始终淡淡的，没有过多的反应。平时，他有时候可以和其他同学开心地大笑，不开心时一个人在角落里也不说话，即使其他同学向老师告状说他打人，他也是把头偏到一边，不说一句话。

3. 矛盾型

在这类依恋关系中，婴儿对母亲怀有矛盾的情感。当母亲离开时，他们会表现得极为痛苦；而当母亲回到身边时，又拒绝同母亲接触，母亲往往要花费很长时间才能使他们的情绪平静下来。这类婴儿在陌生情景中哭得最多，玩耍最少，陌生人难以接近，在对人的反应上表现得消极被动。这类婴儿的母亲往往情绪变化大，对婴儿的情感需要所做的反应不一致。有时对婴儿表现得亲近，而当婴儿表现出痛苦和反抗时，又会以粗暴的态度对待婴儿。这类婴儿不易对他人、对周围环境产生信任感，经常与照料者保持一定距离。他们在探索环境时经常感到缺少安全感，会表现出抗拒新鲜刺激和社会情境、黏着成人以及出现害怕和焦虑情绪等。

例如：元元，女，7岁，一年级，平时由妈妈照顾。有一次下课，她的同桌看到她带了玩具，在好奇心的驱使下玩了她的玩具，元元不高兴了，两人开始抢夺，老师看到后把元元的同桌拉开，并告诉他，拿别人的东西要经过别人的同意。但在放学的时候，两人又抢夺起来，这次元元发怒了，对着同桌的手就咬了下去。老师处理元元同桌的伤口时，要求元元说对不起，但元元把头一撇，直接趴在桌子上，不理老师。老师放学的时候跟元元的妈妈谈了一下，元元的妈妈说元元在家很少有这样过激的行为和情绪，但可能是元元的妈妈由于工作压力比较大，对元元的情绪状况有些疏忽，完全不知道元元容易与同伴发生冲突。

（三）依恋对儿童心理发展的影响

1. 影响儿童认知的发展

父母与儿童建立良好的依恋关系，儿童就会把父母当作“安全基地”，积极而放心地去探索未知的世界，提高智力水平。建立安全依恋，意味着父母平时要对儿童精心照顾、关心、爱护，儿童从父母那里获得温暖和爱，其生理的、情感的需要得到满足，就会有安全感和快乐的情绪。这为儿童积极探索未知世界的活动提供了最优的智力加工背景，一旦儿童在认知活动中取得一定的成果，问题得到解决，智力活动的成功又会进一步诱导他的快乐情绪和探索事物的兴趣，这种良性循环的结果，使儿童认知能力得到不断提高。

2. 影响儿童语言的发展

婴幼儿期是语言发展的最佳时期，如能在这一阶段提供良好的语言教育环境和条件，不仅能促进婴幼儿语言的发展，而且能提高其口语表达的质量，反之则会延缓或阻碍儿童的语言发展。因此，建立良好的依恋关系对儿童语言发展至关重要。父母与孩子交往时间多，有利于刺激婴儿调动各种感官感知父母的语言，模仿父母的语言，在这种情况下，儿童语言发展水平自然可以提高。反之，若没有建立良好的依恋关系，对儿童的语言发展自然会产生不利影响。

3. 影响儿童情绪的发展

儿童早期形成的依恋关系和情绪状态具有相当的稳定性。这些情绪体验和情感记忆会转化为他们和外界发生联系、与他人相处的内在原则和行为方式。早期持久的情绪经验对儿童一生情绪的发展都至关重要。婴儿期能与父母建立良好依恋关系的儿童一般都具有稳定而快乐的情绪。处于安全状态中的婴儿是快乐的、富有爱心和善于表达情感的，在陌生的环境中也能较顺利地克服焦虑或恐惧，从而去探索周围的新鲜事物，这样就可以使婴儿扩大视野，认知能力得到快速发展；而缺乏安全感的婴儿，因为经常担心母亲离开而处于焦虑、恐惧、不安的状态中，或由于需要延迟满足而产生挫折感，进而产生失望、愤怒等负面情绪，长期下去，儿童就会成为情绪多变甚至感情冷漠的人。

4. 影响儿童个性的发展

（1）安全依恋的建立能使儿童产生安全感，从而形成对他人和周围世界的信任感。埃里克森的人格发展理论认为 2 岁前是培养儿童信任感的关键时期，如果这一时期儿童得到父母适当、稳定与不间断的关怀等，他们就会得到生理和心理的满足，从而感到安全。这样的儿童会对父母产生信任感并由此推及对周围的信任。反之，儿童会对周围产生不信任感，形成多疑、孤僻的性格。

（2）安全感的建立，会促进儿童自我认同感的形成，帮助儿童建立自信心。如果儿童缺乏安全感，他往往很少与大人进行情感交流，这样就难以得到大人的理解和支持，导致他缺少自我认同感，甚至产生焦虑和恐惧心理，形成自卑的性格。

（3）安全依恋的建立，有利于培养儿童的独立自主性。儿童独立自主性的形成与儿童对父母的安全依恋感是分不开的。只有当儿童感受到父母的关心和爱护，从而形成安全感，相信父母能在他们需要时出现在身边，提供帮助时，他们才能放心大胆地独立探索陌生的世界。反之，儿童会出现焦虑不安等状况，无法形成独立自主的个性。

5. 影响儿童社会化的发展

研究依恋的美国心理学家曾指出，在婴儿期没有建立强烈和安全的依恋关系的孩子，一生中都将缺乏与他人建立深入而亲密的人际关系的能力。这种论断也许有些绝对，但是有其他的心理学家从另一个角度证明了此观点的价值。他们通过实验发现，在婴儿时期与父母建立良好依恋关系的孩子，到 3 岁半时，人际交往比未曾建立良好依恋的同龄儿童更为活跃，较多地受到同伴的欢迎和追随，富有同情心，表现出领导才能。而那些没有形成良好依恋关系的孩子，容易胆怯退缩，对人不信任，缺乏自信心，情绪不稳定，难以和别人建立良好的亲密关系，对环境适应能力差。

（四）如何建立安全的依恋

1. 孩子年龄越小越要提供“全神贯注”的爱

在孩子1岁之前，父母要善于识别婴儿发出的各种需求信号，及时满足他们的身心需要。因为，婴儿在掌握基本语言之前，和父母唯一的交流方式就是啼哭。婴儿哭时，父母置之不理，这其实是阻碍了婴儿和父母的交流。婴儿和外界互动得越多，获得的回应和刺激越多，感情和智力的成长就越快。要经常拥抱宝宝，与宝宝谈话，逗宝宝笑，让宝宝产生真实的被爱的感受和愉快的生活体验。这种互动能使宝宝顺利有效地与外界沟通互动，产生对母亲角色的信任与依赖感，并将这种信任感推及其他人。此时，母亲要对孩子的各种需要保持“敏感”和“全神贯注”。

2. 给孩子稳定的、足够好的依恋对象

现代家庭教育中一个很大的问题是父母可以为孩子付出金钱甚至是生命，却不肯为孩子付出时间和心思。不要轻易把孩子送到别人家或让别人照看，有实际困难也要尽力去克服，即使离开也要找一个能担当起母亲角色的有爱心的人来照顾孩子。如果父母不带孩子，或总是变换保育人员，就很难使孩子建立稳定和安全的依恋。即使是和孩子一起生活的父母，也要注意不要心里只想着工作和应酬，那些对孩子的需要漫不经心的做法也会阻碍依恋关系的形成。

3. 积极回应，延迟满足要循序渐进

有的父母担心事事顺着孩子，会使他养成任性的坏习惯。实际上，对年龄越小的孩子越应该做到“积极回应”。延迟满足要随着年龄的增长而循序渐进地进行，如：当婴儿产生各种需求时，父母先用声音和肢体动作回应，让他意识到父母已经知道他的呼唤，让他在有希望的等待中忍耐几秒钟。这个时候，可以抱起婴儿，把奶瓶摇晃给他看，或者用其他物品逗引，跟他说简短的话语，如“宝贝饿了，该吃饭了，妈妈喂你”之类的话，然后再让他喝奶喝水。这种短暂的忍耐和等待，并不损害婴儿的健康，同时对他的心理健康、智力发育以及交往潜能都有积极的促进作用。

4. 陪伴但不干预孩子的活动

1岁半后，孩子的独立性得到了较大的发展，特别希望摆脱大人的限制，自己钻钻爬爬、走走摸摸，好奇心和探索欲望比较强烈。这时，父母要为孩子提供安全感，但是不要过度保护。也就是说，陪伴但不过分干预。不要以为陪孩子游戏就一定得为他“做”什么，他需要时，大人及时参与；不需要时，大人就在旁边做自己的事情。渐渐地，孩子就能独自玩耍，只要听见大人的声音或者知道大人在旁边做事，就放心了。这是孩子的安全感得到进一步发展和水平提升的表现。

5. 父母共养，家庭幸福是形成良好依恋的根基

父母离异是对孩子的最大伤害。在孩子早年的心理发育中，母亲的作用远远大

于父亲。与母亲的关系几乎决定了孩子是否具有足够的安全感、亲密感、快乐感与成长的动力。不和的父母偏偏会把注意力集中在孩子身上，或是对孩子表现冷漠，也不自觉地把自己的情绪和行为都转移到孩子身上。孩子承受着父母之间的怨恨是让孩子最难过的事情，父母的互相不尊重，那种长期充满恨意或哀伤的家庭气氛，是形成良好依恋关系的最大敌人。

练一练

列举目前社会中存在的不良亲子关系，说说如何改善不良的亲子关系。

知识点二　父母在家庭教育中的角色

学前思考

在学习这部分内容之前，先来想想以下场景是否曾经出现在自己身边，它们体现了父母在家庭中的何种角色？

1. 面对哭泣的孩子，会自然地警告孩子说："不准哭，不准再哭了！再哭就……"

2. 想当年，我在你这个年纪就……

3. 不要再说了，照我说的去做就不会错。

4. 你以为你长大了吗？翅膀硬了，想飞啊?!

家庭教育贯穿人的一生，对人的成长有着重要作用。父母作为家庭教育的重要参与者与主要引导者，是引领孩子全面发展、补全学校教育外延的重要存在。那父母在家庭教育中充当着什么角色呢？我们先来看看传统教育中父母的角色是怎样的吧！

一、传统教育中父母的角色

（一）指挥者

这类角色的父母面对哭闹的孩子，会警告孩子说："不准哭，不准再哭了！再哭就……"他们面对受挫、悲伤的孩子，常使用命令、指挥和威胁等语气，以保持其权威。如：

（1）这是你对父母的态度吗？

（2）我警告过你很多次了，不准玩游戏！

（3）如果你再被老师批评，我就把你赶出去。

（4）打电话不要那么久，不然我把电话停了。

这类父母喜欢控制所有的事情，并且企图去扭转一切负向的情境。

（二）说教者

这类角色的父母会表现为“应该主义者”，时常在与孩子的交谈中有意无意地流露出“你应该这样”“不应该那样”。如：

（1）你都五年级了，应该懂事了。

（2）你是姐姐，不应该为了一点小事和弟弟争得面红耳赤。

（3）你不应该这样，这种行为是不对的。

（三）万能者

这种角色的父母会以一种无所不知、无所不晓的态度自居，喜欢替孩子解决问题，喜欢向孩子炫耀他们丰富的人生经历，而且他们往往采取说教、忠告、教训等方式与孩子交流。他们的目的是向子女展示他们的优越。如：

（1）看嘛！我说得没错吧！

（2）用用你的大脑，好好地想一想吧！

（3）想当年，我在你这个年纪就……

（四）审判者

这类角色的父母认为自己所做所说的永远是正确的，而孩子总是错误的，甚至不经判断就宣告孩子有错。如：

（1）成绩这么差，一定是你不用功。

（2）不要再说了，照我说的去做就不会错。

（3）一定是你先动手打人的。

（五）批评者

就像审判者、说教者、万能者一样，这类父母喜欢以苛刻的标准来挑剔子女的行为，并且用嘲笑、讽刺、诽谤和开玩笑的方式来压制孩子的欲望。如：

（1）你以为你长大了吗？翅膀硬了，想飞啊？！

（2）你以为你是谁啊？迈克尔·杰克逊？

（3）天啊！这是我儿子吗？

（六）心理分析者

这类父母总是像心理学家一样发觉、分析、诊断孩子的种种问题，并且将问题的原因推在孩子身上。如：

（1）问题在于你对自己缺乏信心……

（2）你为什么会选择这种落后的方法呢？

（3）我想你太在意别人的看法了。

（4）我觉得你又在胡思乱想了。

（七）安慰者

这类父母会以轻松的方式处理孩子的情绪，以避免自己卷入其中，如轻拍孩子的背、草率地安抚等；而在孩子面临困难时，却伪装成一切都没有问题。如：

（1）放心啦，不会有事的。

（2）别担心，天塌下来有高个儿顶着。

（3）人生不如意十之八九，何必这么在意呢？

（4）这是上天给你的考验，加油吧！

以上是传统教育中常见的七种父母角色，其相同点是会在亲子的日常生活中反复地指出问题的来源都是孩子自身，如此不但无法增进亲子关系，反而会增加孩子的压力。这七种父母角色非但不能为父母与孩子建立起开放式、鼓励性及建设性的正向沟通，反而会扼杀孩子表达的勇气。其实在众多的角色中，父母最重要的一个角色就是“倾听者”，即为人父母者要孩子听话之前，必须先学习怎样去听孩子说话，做一名优秀的“倾听者”。

那如何正确看待父母在家庭教育中的角色呢？

二、父母角色的定位

尽管父母作为子女的养育者具有一些共同的角色特征，但由于受到历史和现实、个人和社会、家庭内外和文化习俗等因素的影响，父母在各自的角色扮演上还具有一定的差异。比如，我们常说“父爱如山”，在教养态度上，父亲多把对子女的爱埋在心底，不轻易流露，不会过多干涉孩子的行为，但对孩子缺乏耐性及抚慰、呵护，当孩子犯错误时，只会一味地呵斥或惩罚；而母亲则总是对孩子有比较高的期望值，希望孩子按照她的要求和标准去做，同时母亲也容易溺爱孩子，对子女的要求多无条件地接受，并想尽一切办法来迎合子女的要求，甚至有时子女做错了事也会替他申辩。在教养方式上，母亲的教养方式一般比较慈爱，以静态的言教为主；而父亲一般更严厉，多采用动态的示范方式，具有一定的指导性，适合负责制定规则。

（一）父亲角色的定位

1. 父亲是主动参与子女抚养的养护者

在子女的婴幼儿阶段，大家都认为母亲比较细心，将子女交给母亲照顾会更好。但是专家指出，这并不代表父亲不需要参与子女的养护。其实，每个父亲都有自己擅长的育儿技巧，只要全身心投入，都能得到婴幼儿的回馈。在养育方法上，父亲与母亲截然不同。例如母亲喜欢怀抱婴儿，紧靠身体，保护孩子不受外界侵害的倾向强烈；而父亲往往会把婴儿高高地举起，或让婴儿骑在自己的肩上，使婴儿能够清楚地看到周围世界，这样能增强孩子处理危机事件的能力和独立性。

更重要的是，父亲在养护子女的过程中，可以与子女建立起良好的依恋关系，促进子女的社会化发展。在一项相关研究中专家发现，父亲越是不经常给婴儿洗澡或穿衣，那么当婴儿与陌生人单独待在一起时，哭泣的时间越长；如果父亲是积极的育儿者，孩子便能善于处理与陌生人待在一起时的紧张。此外，如果育儿工作由父母同时分担的话，孩子就会习惯于父亲或母亲的离去，这样有助于使孩子从小就对自己和父母的分离不感到恐惧。

2. 父亲是子女快乐游戏的好玩伴

由于男性自身的特点，父亲大多喜欢和子女一起玩运动性、技术性、智能性较强的游戏。特别是在与男孩游戏时，父子常常会扭在一起或在地上翻滚，这正是父亲向孩子传授自我保护技能的过程。当孩子在游戏中遇到困难想要放弃时，父亲总是会鼓励孩子：“没事儿，再来一次!”当孩子在游戏中受伤时，父亲总会说：“别哭，勇敢点!”当父亲和孩子一起修理玩坏的玩具时，他们总会很有耐心地回答孩子提出的各种问题。正因为父亲在游戏中总是比母亲更多地鼓励孩子独立自主、从事探索性活动，帮助孩子掌握技巧、获得经验，再加上父亲具有较丰富的知识、较强的动手操作能力及较深刻的理解判断能力，所以孩子与父亲在一起能学到许多有益的知识，开阔视野，培养观察与思考的能力。

3. 父亲是子女隐形的助学者

在学习方面，对父亲来讲，对子女最好的帮助就是引发并保持他们学习的动机，做一个隐形的助学者，为孩子的成长营造适宜的氛围，用“看不见的手”撑起有助于孩子自主发展的一片蓝天。

从婴儿期开始，孩子就可以在父亲的带领下做一些一面学习、一面娱乐的游戏。有研究表明，父亲投入游戏对婴儿的认知发展有帮助，这对于孩子今后的学习是十分重要的。

当子女入学后，父亲要帮助子女认识学习的正确含义，并表示出对其学校生活的关心，比如经常询问孩子“学校里有什么趣闻”“功课难不难”等问题。当子女知道父亲关心他的学校，愿意见他的老师，愿意帮助自己完成与学校有关的任务时，孩子就会觉得自己上学是非常重要的，因此也会特别勤奋。父亲还要留心子女在学习和生活中存在的弱点、遇到的问题，在不经意间进行辅导和纠正。同时，父亲还要帮助子女树立学习的信心，在家中为他们营造一种学习的气氛，用恰当的方式激发他们学习，鼓励他们思考，教会他们正确的学习方法。

4. 父亲是孩子成长的偶像和榜样

父亲对青少年社会化所产生的作用，往往比母亲更为强大。因为在子女眼中，父亲常常是自己崇拜的偶像和权威。所以，作为父亲一定要珍视这种崇拜，当好偶像和榜样。父亲应发挥一家之主的作用，树立和维护良好的家风，建立自己的威信，并为孩子建立基本的规则，让孩子学会对自己的行为负责。同时，父亲要关爱呵护母亲，以宽容和支持的态度来建立稳定的家庭关系。父亲要善于控制自己的情绪，保持健康的精神状态，以积极进取的精神风貌和善良友好的处世心态为孩子创造良好的智力和道德环境。父亲要与子女建立民主平等的关系，宽容地对待他们，放下架子，让他们愿意接近并亲近自己。总之，父亲应在子女面前树立一个独立、坚强、理性却又不失温柔敦厚的正面形象，改变传统观念中严厉不可接近的形象，让子女在榜样的力量下成长为优秀的人才。

（二）母亲角色的定位

1. 母亲是子女生活上无微不至的照料者

从子女来到这个世界时起，母亲便担负起了抚养的责任。在新生儿期，母亲能够满足新生儿的生理和生存需要，对婴儿进行母乳喂养和护理，使新生儿消除不安，保持情绪稳定，这是预防各种新生儿疾病，保证新生儿身体健康成长的必要条件。同时母亲会经常与婴儿进行肌肤接触，与婴儿说话，这能使婴儿体验到母爱。在婴儿逐渐成长的过程中，母亲还要负责他的日常生活，合理安排他的饮食起居。母亲对子女生活上的照顾是贯穿子女成长的整个过程的，即使是到了子女成年时期，母亲还是会担心他们“天凉受冻，天热中暑”。可见母亲是子女生命中最无私的看护人和最细心的照料者。

2. 母亲是与子女真诚沟通的知心朋友

如果说母亲的爱保证着幼小婴儿的生命与安全的话，那么随着婴儿的长大，母亲的爱则更多地起着维护他们内在情感和心理安全的作用，这时，母亲更多扮演的是子女知心朋友的角色。

母亲首先是一个倾听者。出于自尊心或其他原因，子女总是不愿意用语言表达自己的思想感情，但又很想让父母知道他们的想法，于是会将这些感情通过表情、动作表现出来，母亲的细致使她们常常可以察觉到子女的这种微妙的心理。这时，母亲会鼓励子女说出自己的想法。在倾听子女倾诉的过程中，母亲不会随便打断子女的讲话，而是与子女做平等的交流，让他们觉得母亲对他所要倾诉的内容感兴趣，让他们感觉到自己很重要。当母亲了解到孩子的内心世界后，会谈谈自己的想法，并用自己的经验来帮助他们。

母亲还是孩子忠实的支持者。当子女心理尚未成熟时，需要来自外界尤其是父母的肯定，而母亲的赞扬比父亲的会更加细腻。比如，子女做对了一件事或完成了某个任务时，母亲会对他们进行赞扬与鼓励。这种赞扬与鼓励将会在子女心底留下深刻的印象，以后他们就会用同样的标准要求自己，并力求更好。当然，对于子女的错误也一定要批评，但这种批评是建立在不挫伤孩子自尊心和积极性的基础上的，绝不是嘲笑和指责。同时，在孩子遭遇挫折时，母亲温情的安慰和热情的鼓励也是对他们最有力的支持。

3. 母亲是子女天赋和潜能的赏识者

每个孩子都有自己的天赋和潜能，作为母亲，能够用女性独特的细微眼光去发现和赏识这种“美”。比如当孩子对什么问题都要打破砂锅问到底时，母亲应该知道这是孩子求知欲强的表现，并应针对孩子提出的问题耐心解答，鼓励孩子不断探索；当孩子总喜欢天马行空地幻想时，母亲千万不要认为他们是在编造不合实际的故事而加以打击，而应该认识到这是孩子想象力丰富的表现，更应该加以鼓励；当孩子出现破坏行为时，更不能不分青红皂白就加以指责，因为这样就有可能扼杀了他们可贵的创造性，母亲应该在孩子的破坏行为中发现孩子的兴趣和特长，并有针对性地进行引导和培养。总之，母亲要善于发现孩子闪光的一面，创造让孩子发挥才智的机会，用心诱导，正确培养。

4. 母亲是子女做人做事的引导者

母亲与子女的接触时间最长，母亲的一言一行、一举一动都会成为子女模仿的对象。因此，母亲要成为子女做人做事的正确引导者。在生活上，母亲要帮助孩子掌握生活技能技巧。在精神上，母亲要塑造孩子健全的人格，培养他们优秀的道德品质。比如，可以从小培养子女做家务、爱劳动的习惯。随着子女年龄的增长，还要逐渐增加劳动量，让子女在劳动的过程中掌握基本生活技能。在品德方面，母亲要成为子女的表率，要向子女灌输尊长爱幼的观念，纠正他们的错误行为。总之，要利用母亲特有的宽容、智慧、慈爱的魅力，培养子女诚实正直、善良宽厚、谦逊温和、勤奋上进的健全人格，使子女从一个自然人变成懂文明的社会人。

（三）角色定位不当的危害

父母作为孩子的第一引路人，应该正确引导孩子健康发展。社会学的角色理论告诉我们：角色是围绕其地位的权利义务系统和行为模式而活动的；但每个处于一定地位的个人，并不都能完全按这个角色的要求表现自己的角色行为，也不是每个人都能完美地满足社会对他的期望。角色错位是指角色的实际表现同社会或群体的期望要求不相符合的现象。而父母的角色错位，在一定意义上可以说就是父母的教育行为不符合角色规范，主要表现为角色认知错误和角色行为偏颇。

在全国性独生子女性格发展状况与教育调查中，大部分父母都把围绕着学校教育抓孩子的学习放在自身职责的首位，孩子的学习成了父母与孩子互动的中心内容，父母把自身的角色定位为孩子“学习的拐杖”，而不是“做人的向导”。父母这种角色认知的错位，首先源于对自身角色认识的错误，即没有把教孩子做人、教孩子立足于社会的本领作为父母角色规范最根本的内容。

父母角色的错位，必然衍生出一系列危害：

（1）父母“扬短避长”“强己所难”。本来，教孩子做人是家庭的最大教育优势所在，而一些父母却“扬短避长”，把自己的职责定位在辅导孩子的文化知识学习这一学校教师角色的职责上。尽管为孩子付出很多，但由于不懂得教学规律，不了解教学内容与方法，往往是有劲使不到点子上，成了名副其实的“强己所难”。

（2）制造了孩子社会化的障碍。正如美国社会学家 J. 罗斯・埃什尔曼所言：“婴儿长大后可能成为罪犯，可能成为教师或体育明星，但无论如何，他们首先都要学会怎样满足自己的基本需要，知道如何同别人交往，学会判断哪些行为是社会所要求和允许的。总而言之，他们必须先要学会怎样做人。”而父母角色定位错误，容易忽视孩子在社会化过程中最需要家庭中成年人帮助的地方，造成他们社会化的不完全。

（3）“受累不讨好”，造成亲子关系不和谐。有的父母为了“保障”孩子的学习，替孩子做了许多他们力所能及的事情，减少了孩子体验生活的许多机会；无视孩子是一个独立的个体，替孩子做了许多本应该由他们自己做出的决定。不少孩子对父母们并不内行的“学习辅导”以及一味地抓学习而束缚孩子手脚的种种做法相当反感，结果形成了父母管得越多，孩子越抵触的恶性循环，极大地影响了亲子关系的和谐。

三、父母角色的缺失

父亲角色的缺失

（一）父亲角色的缺失

父亲在家庭教育中扮演着非常重要的角色，是家庭教育不可或缺的一部分。而父亲在当代家庭教育中的“缺位”现象表现突出。曾有一篇题目为“父爱”的小学生作文，内容是这样的：“对于父爱，我可以用一个词来形容，那就是‘父爱如山’，平时妈妈又是做饭、又是拖地、又是收拾家、又是照顾我，忙得满头大汗，而我的爸爸永远都是坐在沙发上一动不动，稳如泰山……”作为家庭另一重要角色的妈妈则独自撑起了家庭教育的重任，人们用“守寡式”婚姻和“丧偶式”育儿来形容这种单方面的育儿方式。而且这种“丧偶式”教育已经成为不少家庭的常态：“瞻前顾后”的妈妈，“隐形”的爸爸，心理“畸形”的孩子。爸爸去哪儿了？越来越多的人开始关注到父亲在家庭教育中缺失的问题。

父亲角色在家庭教育中缺失的原因主要有以下几种：

（1）父母离婚，父亲去世或离弃家庭，致使家中缺少父亲；

（2）有些父亲，由于自身的问题和孩子在情感上很疏远，致使孩子就像没有父亲一样；

（3）有些父亲认为抚养孩子是母亲的事情，因此对孩子撒手不管，远离了孩子的生活；

（4）有些父亲虽然在家，但是抚养孩子的方式不当。

父亲角色的缺失表现为两种形式：一是身体上的缺失，这是由父亲因工作等原因远离家庭引起的；二是心理上的缺失，或者说是父亲功能的缺失，即尽管父亲在场，但是孩子却感受不到父亲的存在，父亲没有发挥其应有的功能，未尽到父亲的职责。

那么父亲角色的缺失会对家庭，尤其是孩子产生什么样的影响呢？我们先来看三个案例。

案例 4-1

离婚家庭的父亲角色缺失。

学生A，女。父母在她小学二年级时离婚。离婚前，妈妈是家庭主妇，爸爸做保安，经济条件一般。妈妈个性柔弱，离婚后经济压力很大，妈妈一直跟A唠叨，要好好学习，以后就要靠她了。A在学校很要强，积极参加学校的各类比赛，但实际成绩还是比较差，老师反映她并没有这个实力。在跟异性的相处中，A也存在很大的问题。A说班级大多数男生都很喜欢她，想要追求她，因为她异性缘好，导致女生都嫉妒她。班主任反映，A经常跟异性网友出去玩，乱交男朋友。

案例 4-2

因工作远离家庭的父亲角色缺失。

学生B，男。从小爸爸就外出打工很少在家，妈妈比较强势，既当爹又当妈，把B抚养长大。在学校里，B比较孤僻，独来独往，也没有什么兴趣爱好。B刚进学校的时候学习很认真，但成绩很一般。有一次参加数学竞赛失利后，就自暴自弃，把书、作业本都烧掉了，放弃学习。此后就经常旷课，赖在寝室睡懒觉。

案例 4-3

父亲在家未尽父亲责任的父亲角色缺失。

学生C，女。妈妈在纺织厂打工，很忙。爸爸没有工作，经常酗酒赌博。在她的印象中，爸爸总是喝酒，喝醉了就打妈妈和她。C上幼儿园的时候，有一次爸爸打她打得很凶，还说要把她打死，她当时又害怕又愤怒。她也没敢告诉妈妈，因为妈妈也没有能力保护她，甚至可能还要牵连妈妈被爸爸打。中学的时候，C暗恋过一个男生，表白后被对方拒绝了，此后C跟异性的交往问题越来越严重。上大学后，C对男生、男老师表现出极大的仇恨，有好几次她都说听到某个男老师或男生在背后说她坏话，还说要教训教训他们。

通过以上案例不难发现，父亲角色缺失对子女心理发展的影响主要体现在对子女的性别角色发展、性格品质、学业成就、社会交往等方面。

1. 父亲角色缺失对子女性别角色发展的作用

A父母在她小学二年级时就离婚，使得她在青春期就缺少和父亲的亲密交往，成年后她对异性的渴望特别强烈。B成长过程中父亲长期不在，主要由母亲抚养教育，而且母亲又特别强势，所以他比较柔弱，缺少男子汉气概。C不仅感受不到父亲的关爱，反而受到了父亲的伤害，为了保护母亲和自己，她必须让自己强大起来，所以C的行为模式更偏向男性化，缺少女性的温柔。也就是说，父亲的缺失对子女性别角色的发展有着不利影响。男孩子往往把父亲看作自己的榜样，从父亲那里模仿学习男性的思维和行为模式。因此对男孩子来说，父亲角色的缺失会导致他缺乏角色认同，造成男孩女性化。而女孩子往往会参照父亲来寻找自己的另一半，并在与父亲的亲密互动中学习与男性不同的思维和行为模式。因此对女孩子来说，父亲角色的缺失会导致女孩男性化。

2. 父亲角色缺失对子女性格品质的影响

A在情感上渴望得到父爱，父亲角色的缺失使她转而从外界异性那里寻找父爱，从而导致她早恋或者视恋爱为儿戏，只为满足渴望的“父爱”和缺失的安全感。B本来学习很认真，还参加数学竞赛，但是在失利后自暴自弃，面对问题不是勇敢积极地去解决而是逃避退缩。C的父亲对她非打即骂，她习得了父亲的暴力行为，情绪冲动，思维偏激，难以沟通。父亲作为男性的性格品质与母亲有很大的不同。A和C由于父亲的缺失，在自律、自制的养成方面缺少引导，难以控制自己，特别是在情绪、情感的管理上存在很大的问题。B由于父亲的缺失，无法勇敢地面对困难，个性上优柔寡断，不够坚强独立。

3. 父亲对子女智力和学业成就的影响

在以上案例中，A、B虽然学习都比较努力，但是成绩都很一般，甚至偏落后。老师反映他们的思维比较刻板，不够灵活。母亲对孩子的养育一般以照顾衣食起居为主，而且女性相对更细心，所以母亲带孩子的方式比较保守，她们考虑到安全因素，对孩子活动的限制比较多。而父亲带孩子的方式与母亲有很大的不同，他们的方式更灵活、更自由，一般不会太限制孩子的活动，而且会鼓励孩子去探索甚至冒险。而且父亲与孩子往往通过游戏的方式进行互动，这都有利于孩子智力的发展。

4. 父亲对子女社交能力的影响

A因为父亲的离开，试图从外界异性那里寻找父爱，结果使得她常常“自作多情”。B的妈妈比较强势，控制欲很强，B跟父亲几乎没有机会交流，导致他性格内向害羞，不善言谈，遇事容易采取逃避的方式。C生活在一个充满暴力的家庭环境中，她无法感受到父亲对母亲的爱，导致其个性冲动、鲁莽、偏激，甚至恶化成攻击性反社会人格。孩子经常与父亲接触，往往社交能力强，伙伴关系融洽。父亲在孩子成长过程中扮演着一个很重要的游戏玩伴的角色。通过游戏，儿童不仅可以摆脱对母亲的依恋，而且可以进一步扩大社交圈，从家庭内部转向家庭外部，获得更多与同龄人接触的机会。而且，父亲可以从男性的角度教他如何与人相处。

因此，为了子女能够更好地成长，首先，父亲自身要树立家教新观念，要改变“男主外，女主内”的陈旧观念，意识到父亲在子女教养过程中的重要性，父亲和母亲在子女成长中都是不可或缺的。父亲要学习新的教育观念，包括如何做一名合格的父亲，如何对子女施加有益的影响，如果不在子女身边如何和子女保持亲密沟通，以及对自己子女的期望目标等。虽然工作压力很大，但也要合理安排家庭和工作之间的关系，在提供一定物质保障的同时，更重要的是给予孩子精神上的关心，每天抽出一些时间与孩子共处，多陪陪孩子。

其次，母亲也应该转变观念，支持并监督父亲参与孩子的家庭教养，做好子女和父亲之间沟通的桥梁。夫妻双方应明确各自在孩子抚养和教育中的任务，分工合作。如母亲主要负责孩子的衣食起居，父亲主要负责孩子的学习游戏。夫妻双方必须在观念、态度、行为上保持一致。当出现不一致时，相互讨论、沟通，选择一个双方都可以接受的方案。祖父母或外祖父母也应该学会放权，养育孩子首先是父母亲的责任，从而给父亲更多的时间与孩子在一起。

(二) 母亲角色的缺失

母亲角色缺失的原因主要有以下几种：（1）父母离异；（2）母亲过早去世；（3）母亲患有重病或有重度残疾，无法照顾孩子；（4）母亲常年在外打工。

母亲角色缺失造成的影响主要体现在以下几个方面。

1. 对青少年个体的影响

案例 4-4

小北（化名），小学文化程度，7岁时母亲因病去世。母亲在世时，小北和母亲的感情比较好，母亲的突然离世，使小北内心情感受到很大打击，经常将自己的内心封闭起来，拒绝向外人谈论自己的家事和内心情感。而小北的父亲在小北母亲去世后就常年外出打工，每年只在逢年过节时回来与小北团聚几次。由于长期不在一起，父子两人之间缺乏比较深入的互动交流，这使小北情感上的缺失未能得到有效的弥补。14岁时，小北迷上了网络游戏，并在网上认识了不满12周岁的小莉（化名）。通过网聊，小北将小莉当成了母亲去世后自己最重要的精神寄托，聊天过程中把自己的生活和所有感受都与小莉分享。慢慢地，小北和小莉通过网络逐渐建立了稳定的感情。后来，小北去北京与小莉见面，两人发生了性关系。后来，小北因与未满14周岁的女孩发生性关系涉嫌强奸罪被公安机关刑事拘留。

一个家庭中，母亲角色的缺位，一方面使青少年的家庭自然结构被破坏，家庭功能得不到正常发挥；另一方面使青少年失去了父母双方共同的悉心照顾和正确的引导。在家庭亲情缺失的情况下，家庭支持网络也遭到一定程度的破坏，青少年很有可能生活在一个被遗忘的环境里。家庭结构的变化给他们的心理上和情感上带来巨大的创伤，当遇到生活上和精神上的问题或困难时，他们又不能及时得到来自家庭的有效帮助和正确指导，以至于经常处于压抑之中，变得情绪低落、敏感好疑、感情冷漠、自卑懦弱、行为孤僻、缺乏爱心和交流的主动性。在这种情况下，一旦他们认为自我权益受到侵犯，或者受到社会上不良因素的引诱，很容易选择简单冲动的方式去处理，甚至走上违法犯罪的道路。

2. 对青少年家庭结构的影响

案例 4-5

小叶（化名）说，父母离异给自己带来很大的伤害，成为自己内心挥之不去的阴影。为此，自己总是选择逃避的方式来淡化这件事带给自己的影响。父母离异后，自己虽然一直跟随父亲生活，但和父亲之间很少有交流。继母对自己也算不错，但由于没有血缘关系，自己心里感觉和继母之间总有一层隔阂，内心虽然愿意接受继母，但还是觉得别扭。

而且，父亲再婚后，与继母还生了一个小弟弟，父亲对自己的关心更少了。很多时候看到继母照顾小弟弟的场景，自己心中就会有一丝酸楚，就会想如果这时自己的母亲在该多好。有时她甚至有点讨厌继母和小弟弟。

如果一个家庭中母亲是缺位的，那么这个家庭结构将不再完整，孩子享受不到完整的父母之爱和教育，就算有些家庭后来得以重新组建，能够在一定程度上弥补这种缺陷，但继母的出现仍然替代不了亲生母亲在孩子心目中的位置，不能够完全弥补亲生母亲给予孩子的爱。同时，继母作为一个新的家庭成员的出现，也可能会使孩子和亲生父亲之间努力建立起来的单亲家庭的平衡关系遭到破坏，使得青少年和父亲之间的关系渐渐淡化，与家庭的离心力也越来越大。

3. 对青少年家庭经济情况的影响

案例 4-6

小黄的父亲离异之后，父亲为了维持家里的经济收入经常外出打工。据小黄表述，自从和母亲离婚后，家里的生活就很拮据，为了能够保证家里的基本生活需要，父亲几乎每天都起早贪黑地忙于生计，但有时所得收入也只够维持家里的基本生活开销，有时候父亲没有及时给家里寄钱，小黄的生活只能靠奶奶的低保金来维持。由于家庭经济条件比较差，小黄小学未毕业就退学了，为了能解决家里的经济问题，小黄 14 岁就随别人到北京打工。2011 年 7 月，小黄因涉嫌盗窃罪被公安机关刑事拘留。

母亲角色的缺失使得家里的经济收入基本上全靠父亲一个人来维持。为了能够保证家里的基本生活需要，父亲几乎每天都是起早贪黑地忙于生计，但有时所得收入也只够维持家里的基本生活开销。由单亲父亲支撑的家庭，其经济收入水平普遍低于双亲家庭。一方面，这很容易导致青少年对金钱等物质方面的需求得不到满足，以至于有些青少年为了追求高水平的消费，在家庭不能提供足够帮助的情况下，就会选择从家庭外部来寻求满足；另一方面，在离异家庭中，为了提高家庭的生活水平，获得更好的生活条件，父亲几乎每天都在到处奔波，忙于生计，很少有时间和孩子在一起，更没有时间和孩子进行情感上的深入交流和沟通。当孩子遇到问题时，家庭给他们提供情感支持的能力就会降低，使得这些家庭的孩子在遇到问题而又无处求助的情况下，一旦受到不良因素的诱导，很容易走上违法犯罪的道路。

4. 对青少年学校生活的影响

案例 4-7

小一（化名）在回忆自己上学的经历时说，父母离婚之后，父亲常年在外打工，母亲改嫁，自己一直跟随爷爷奶奶生活，和没有父母的孩子差不多。在上学这个问题上，因为自己对学习不感兴趣，也无心学习，所以成绩很差，考试经常会拖班级后腿，以至于同学们瞧不起他，老师也不待见他，而爷爷奶奶在学习这方面又给不了自己什么帮助和支持，所以初一没上完就选择了退学。

母爱缺失的青少年在校情况也不容乐观。一方面，由于受家庭经济条件的限制，很多青少年被迫过早退学，过早进入社会；另一方面，亲情的缺失让他们变得比完整家庭的孩子更加敏感、多疑、自尊心强。在学校，他们经常用警惕的眼光审视自己的老师和同学，只要老师或同学的态度稍微挫伤他们的自尊心，他们就会自暴自弃或者嫉妒怨恨，甚至用暴力行为来进行报复。他们认为自己是个没妈的孩子，与其他人相比自己的生命中有很大的欠缺，别人对自己的关心和照顾其实是对自己的“嘲笑”“可怜”。这些“嘲笑”“可怜”就像一把刀深深地扎在他们心上，容不得任何人的触碰。很多时候，他们为了自我保护，会把自己封闭起来，不愿意与别人进行过多的交流，也很少参加集体活动，成为众人眼中的“独行侠”。同时，由于家庭变故的影响，他们心理压力过大，无法安心学习，成绩多数都不理想，在学校可能还会受到冷嘲热讽。原本在家里就享受不到完整的父母之爱，在学校又受到不公平的待遇，使那些母爱缺失的青少年内心更多了一份自卑感以及对社会的怨恨。有的青少年被过早地推向社会之后，由于年龄小，又无学历和技术，只能选择做一些又脏又累的工作。又由于处于青春期，冲动的性格，好奇的心，往往使得他们遇事不能够选择合理的解决方式，也比较容易受他人的诱导，一旦受到社会不良分子的诱惑，他们很容易走上违法犯罪的道路。

5. 对青少年朋辈交往群体的影响

案例 4－8

小贺（化名），五岁时母亲因病去世，后与爷爷奶奶一起生活，父亲次年再婚。小贺自上小学起与父亲和继母一起生活。家庭重组之后，无论父亲与继母对小贺多么关爱，小贺仍然无法从家庭中获得归属感和安全感，内心里对家庭还是有点排斥，有时很不愿意回家。而他又渴望获得从家庭中不能获得的归属感和安全感，于是他将对缺失的情感的追求转向了家庭之外。当他发现和朋友在一起能够获得这样的感受时，他从内心里就更愿意和朋友在一起。初中之后，小贺开始接触并密切交往一些离校少年，并每天与他们混在一起。慢慢地，小贺受到他们的影响，逐渐厌烦学习，并出现对父母说谎、从家里偷钱、离家出走等行为。后来父母与其进行了沟通，小贺决定休学一年。在休学期间，小贺又多次与家人发生冲突离家出走，长时间投靠朋友，甚至出现夜不归宿、打架、抢劫等行为，且养成了吸烟、喝酒等不良行为习惯。除此之外，为了维护自己和朋友之间的情谊，得到朋友的尊重和认同，小贺几乎接受朋友向他提出的所有帮忙请求。也正因如此，小贺走上了违法犯罪的道路。2019 年 2 月，小贺受朋友的请求“教训”他人，遂带领朋友小望（化名）前去帮忙，在对被害人进行殴打的过程中，小贺带来的小望持尖刀猛刺被害人背部数刀，致使被害人右肺被刺伤，造成被害人创伤失血性休克并发多器官功能衰竭，救治无效死亡。事后小贺等人以涉嫌故意伤害罪被抓获。

有调查发现，母爱缺失犯罪青少年的朋辈交往群体一般是他们的同学或年龄相仿的青少年，也有部分大龄社会青年。在他们所交往的这些人中，很大一部分人也是来自残缺型家庭。用他们自己的话说，他们之所以成为朋友是因为他们“同病相怜”“有相同的经历，有相同的感受”“因为经历相同，在一起没有压力”。家庭亲情的缺失，让这些青少年为了寻找在家里得不到的归属感和安全感而相聚在一起，诸多的相同点又让他们对朋辈群体产生了强烈的依赖感。有时为了维系和朋友间的关系，他们甚至会不惜一切代价去体现所谓的“哥们儿义气”，为哥们儿“两肋插刀”，包括实施违法犯罪行为。

（三）父母角色的双重缺失

随着城市的发展，大量的劳动力涌入城市，使得一些父母和孩子长期居住两地，因此出现了“留守儿童”这一特殊群体。在留守儿童尤其是农村留守儿童的成长过程中，父母是严重缺位的。在这种“双缺”的家庭结构下，父母双亲的角色在孩子的生活当中缺失，使得留守儿童的成长环境发生了很大的变化，这些都对他们的社会化产生了影响。留守儿童在成长过程中没有父母的陪伴，心理状态和生活状态都会受到影响，这种影响有积极的一面，也有消极的一面。

1. 积极影响

(1) 更加独立自主的生活能力。

父母的缺位使他们更加独立自主，早早就承担起家庭的责任，自己的衣食住行都可以自己解决，甚至还会帮助弟弟妹妹或者爷爷奶奶做一些事情。这些留守儿童大部分有着很强的自理能力和生活能力。例如小如的爷爷就这样形容小如：读小学时，她一般七点起床，起来后会帮忙扫地、烧火、洗衣服，在奶奶忙不过来时还会给两个弟弟洗澡，她喜欢干活，做作业也不用我们管，很少出去玩，就在家里看书写作业。

(2) 更加懂得分担与分享。

他们懂得分担，这些留守儿童参与家庭劳动更多的是出于对老人的体谅，不忍心看到年迈的祖父母或者外祖父母太过操劳，而主动承担一部分家务和农活。他们懂得分享，留守的孩子一般由祖父母、外祖父母抚养，老人经常把好吃的和舍不得吃和用的“宝贝”留给（外）孙子、（外）孙女。这些孩子们都看在眼里，于是自己有了好吃的、舍不得用的，也会想着和老人家分享。

(3) 更加坚韧的品格。

贫苦的家庭环境和父母不在身边的缺憾，一方面让留守儿童的生活比其他的孩子辛苦了许多，但是另一方面又培养了这些孩子坚韧的品格，他们不愿意打扰别人，不经常向他人寻求帮助和吐露心声，有什么事情都自己想办法解决，再困难的生活境遇，他们都能面对，会把它们看得很平淡，他们总是告诉自己，“习惯就好了”“忍一下就好了”。

2. 消极影响

(1) 心理问题。

由于家庭生活贫困，父母又不在身边陪伴，留守儿童在心理上会有一些压抑和不愉快，他们常常感到自卑，觉得自己和其他的孩子不一样，会更加封闭自己，变得胆小、懦弱、不善交往。老人往往疏于对孩子心理的关注和重视，很少与孩子谈心，孩子的情绪、心理状况被隔代监护人忽视，任其自然发展。与此同时，父母远在外地，由于工作忙，不了解孩子的状态，对孩子的关心也不够。儿童正处于了解世界、了解社会的时期，经历着初级的社会化，在这个过程中，会出现情绪的波动和性格的变化，长期不受关注以及问题无法及时发现和解决，不利于孩子性格的养成和社会化的发展，反而会造成一些心理上的问题，如自卑、孤僻或者暴力倾向。心理问题的产生会有一些行为上的表现，因为心理上有缺失，所以想要在外界寻求满足。

(2) 学习问题。

留守儿童特别是留守男童在学习上存在着很大的问题。一方面原因是父母给孩子过大的学习压力，另一方面原因是只注重学习结果，不重视孩子心理体验的错误交流方式，让一部分留守儿童更加排斥读书，很难取得好成绩。

（3）游戏与越轨。

留守儿童父母不在身边，老人由于自身认识和精力有限，对其管教不严，再加上社会上一些不良信息和身边不良环境的影响，留守男童在游戏和违规方面表现出很多的问题。即使家里没有电脑和手机，也不影响这些孩子玩游戏，哪里方便他们玩，哪里就成了他们的大本营。与此同时，打工父母短暂的返乡不仅给长期留守的孩子带回了亲情，也带回了手机等现代电子产品和对孩子的补偿。这些过度的游戏和越轨行为，严重影响了其人格和学业的发展。

练一练

如何看待父母在家庭教育中的作用。

知识点三　青少年心理发展

青少年心理发展

学前思考

曾经有一个实验，研究人员给成年人和青少年看同样一张照片，照片上的人面无表情。成年人都觉得照片里的人很正常，没有善意，也没有恶意。但很多青少年却说这个人不友好。这是为什么呢？

是因为青少年在大脑中预设了敌意。哪怕感觉到一点点敌意，他们都可能发起很强烈的对抗，而且容易过度解读别人的情绪。

一、青少年时期的心理发展

青少年期是生命中的一个重要阶段。青少年期既是以时间术语对生命某种特殊存在形式进行的描述，也是生命历程在时间上的一个特殊分段。一般把青少年期（或青春期）（adolescence）界定为十一二岁至十七八岁这段时期。这是承前启后的“过渡期”，是青少年告别儿童时代的认知方式，从心理上重建人生，实现自我更新的时期。在这个阶段，新的自我虽然觉醒，但尚未完全形成，个体处于对旧自我的“厌恶”和寻求新自我的“焦虑”之中，表现为个体的逆反心理和对抗性行为的崛起。这是个体为了摆脱对亲近者的依赖，建立新的关系世界，包括同伴关系和家庭关系而特有的心理与行为反应，即为了反抗而反抗。

（一）青少年心理发展的表现

青春期的孩子或多或少都会有些叛逆。父母在这个时候，往往会觉得孩子太幼稚、太冲动了，想纠正孩子的行为。其实，孩子在青春期的行为特点，和他们大脑的发育以及身体激素的分泌有关系，父母要对孩子多一些理解。

青少年时期孩子的大脑是过度理性的。我们有个脑区叫作大脑额叶，和智力有很密切的关系，对人的思维活动和行为也有很大的影响。青春期的时候，孩子的大脑额叶还没发育好，所以他们解决问题的能力比较弱，注意力不太容易集中，情绪管理能力也不太好。遇到事情的时候，大脑会强调正面的部分，忽略可能出现的负面后果。比如，有个男生躲在学校的厕所里抽烟，被老师发现的概率是10%。当一个人过度理性的时候，他会觉得10%是个很低的概率。如果其他男生也这么做，他就会觉得自己这么做，老师肯定发现不了。所以青少年不是不知道某个事情的后果是什么，而是他觉得这种后果不太可能出现，就不去考虑后果了。很多人把青少年不理性的行为看成是冲动，其实正好相反，他们是过度理性。

同时，青少年的大脑还会预设敌意。因为在青春期的时候，大脑情绪系统也比人生其他阶段更活跃。青春期的孩子很容易被激怒，就是因为大脑预设了敌意。哪怕感觉到一点点敌意，他们都可能发起很强烈的对抗，因为他容易过度解读别人的情绪。所以，有时候父母或者老师批评他们，尽管出发点是好的，但语气或者态度不太好，青少年就会十分抵触。

此外，青少年的叛逆和他们身体的激素水平也有关系。在青春期，一个人身体里的5-羟色胺和多巴胺水平会降到最低。这两种神经激素会让人兴奋和快乐，所以很多青少年会觉得不快乐，觉得生活很无聊。但是通过摇滚、踢球、冒险等方式，可以刺激他们身体中多巴胺的分泌。所以，很多青少年会做一些冒险的事情，或者做出一些很叛逆的行为，就是因为只有这么做，他们才能获得快乐的感觉。

（二）青少年心理发展的特征

1. 闭锁性

闭锁性即青少年的内心世界越来越复杂，开始不大容易将内心活动表露出来。这一方面是因为青少年在成长过程中，随着性意识的出现，感觉到自己不再是儿童了；另一方面是由于青少年自我意识觉醒，所以不愿意向别人敞开心扉。由于青少年的这个特点，了解青少年比了解儿童更困难，不过青少年也有渴望别人理解的一面。

2. 动荡性

动荡性主要表现在：敏感，容易产生变革现实的渴望，敢想、敢说；具有较强的发动行动的能力；自尊心、自信心强，但思维的片面性也强，容易偏激；情感强烈，但感情的波动性大；性格未最后定型，可塑性强。因此，青少年的兴趣和态度的改变常常具有跃进式的、暴风雨般的特点。

3. 过渡性

过渡性即青少年正处于从儿童向成年人过渡、从幼稚向成熟发展的特殊时期。青少年既存在着儿童的幼稚性和依赖性，又表现出成年人的某些独立性和自觉性，所以青少年期是个半幼稚半成熟的时期。由于这一特征，青少年既对成年人有依赖性，又表现出很强的独立性，不愿意接受成年人的影响，有固执、粗暴、抗拒、执拗、不坦率等很强的逆反心理特征。

4. 自我意识的觉醒

青少年考虑个人问题的兴趣有随年龄增长而上升的趋势，青少年对个人生活价值、自我认识的思考成为这一时期的显著特征。他们开始关心自己的内心世界，同时特别重视别人对自己的评价，力求把自己的行为建立在自觉拟定或者现已掌握的行为标准和准则的基础上。但是青少年的自我认识还不深刻，带有明显的表面性；自我评价的概括性有明显的发展，但是概括水平不高。

（三）青少年心理发展规律

1. 青少年认知的发展规律

青少年时期，认知的随意性增强，主要表现在认知过程不完全以刺激物的特点为转移，而是依存于任务，受意识的支配调节。尤其是进入中学以后，完成繁重的学习任务的需要与认识随意性的矛盾促使认知的随意性逐渐增强。知觉的目的性和计划性增强，能对事物进行全面的细致的知觉，因此记忆的效果远比儿童显著。此外，在这个阶段青少年一般还能对自身的思维过程进行再思考，表现出思维的自觉性。基于以上特点，青少年时期的认知活动逐渐成为依存于任务的、受意识支配的具有随意性的心理活动了。进入高中阶段以后，由于学习内容经常需要抽象、概括，他们的思维由经验型向理论型过渡，他们能用理论做指导来分析综合、归纳演绎，使思维具有更高的抽象性，并开始形成辩证逻辑思维。

2. 青少年个性的发展规律

个性是稳定的心理特征，但又具有一定的可变性。人的个性特征不是天生的，而是在后天的社会环境中，经过长期的社会实践活动的锻炼逐渐形成的。青少年时期是个性形成的时期。从少年到青年，个性逐步形成。到青年期，可以说个性已经形成，并有了相对的稳定性。

青年期是个性日益稳定趋于基本定型的阶段。在这个阶段，人生观、世界观基本形成，个性特征日趋定型，情绪特征也进入相对稳定的阶段。从性格的理智特征来看，由于思维能力的成熟，青年能独立地、较全面地和深刻地分析问题，故而在性格上表现出喜欢怀疑、探索、猎奇、争论和容易接受新鲜事物、行事较少年时更谨慎和稳重的特点。除此之外，青年对现实态度的性格特征也日趋成熟。

社会环境的变迁和青少年实践活动的变化，必然会引起他们认识活动的变化、情感体验的变化和行为方式的变化，这些都可能在一定程度上影响青少年个性的发展变化。不过，变化了的个性心理特征，依然具有相对的稳定性，具有成熟的特征。

3. 青少年情感的发展规律

情感是人对客观事物是否符合自己的需要而产生的切身体会。青少年时期由于生活范围扩大，活动内容更加丰富，需要变得复杂而多样，而与情感密切相关的认识已获得发展，但知识经验还不够丰富，所以，青少年的情感既具有儿童的外显性特征，又具有成年人的内隐性特征，常表现为情感动荡不定，具有冲动性，波动幅度较大，情感体验容易从一个极端走向另一个极端。

青少年时期是情感发展的关键时期。青少年的情感富有冲动性，不善于自我控制，常感情用事，会因为一点小事激动不已，或与别人发生争吵，甚至打架斗殴，造成严重的后果；有时会因为偶然事件而苦闷、消沉、不安，甚至绝望；由于性意识的觉醒，又缺乏适当的心理准备和教育，所以有时会出现惶恐不安的情感反应。随着年龄和阅历的增长，青少年情感发展不断成熟。青少年情感成熟的标志主要有以下几个方面：

（1）自己能控制因身体疲劳、睡眠不足、头疼等引起的情绪不安；

（2）对嘈杂的环境、周围的干扰保持冷静的态度；

（3）能将情绪的紧张缓解到无害方面；

（4）不因小事而激动；

（5）具有保持舒畅、快乐的能力和表达敌意的能力。

4. 青少年自我意识的发展规律

自我意识是关于自己本身的意识，即关于自己的个性品质、内心世界和内心体验的意识。自我意识的产生至少要具备两个条件：一个条件是能把“我”与“非我”区别开来，即能把自己与周围的人和物区分开；另一个条件是能把“我”区分为“观察者的我”和“被观察者的我”，即能把自己作为意识对象而客观化。到了青年时期，个体已经具备自我意识。

个体自我意识的发展经历了身体的自我、精神的自我和社会的自我三个阶段。幼儿时期，处于身体的自我意识阶段。少年时期，进而能意识到自己的内心世界，已有精神的自我。青年时期，则不但能意识到自己的身体和内心世界，而且能意识到自己在社会上的地位、作用和被接纳的程度等，达到社会的自我阶段。青少年自我意识的发展主要表现在下述几个方面：

（1）成人感开始建立，独立意识迅速发展。这是青少年自我意识发展中一个独特的新成分和典型特征。

（2）对自尊心的强烈要求。自尊心是青少年希望在群体和社会生活中受到别人的尊重，能够在社会群体中取得合格成员资格与地位的一种意识表现。

（3）自我出现新的分化。青少年时期是“心理自我”开始发展和成熟的时期，也是自我意识发展的关键时期。进入青春期后，青少年的注意力开始转向自己的内心世界，对自己的内省和批判增多。青少年不仅能把自己的行为作为客体加以评定，而且开始认识自己，试图按照自己的愿望塑造自己、统一自己，出现对“理想自我”的追求，即开始塑造自我、完善自我。

（4）自我评价的迅速发展。一般来说，少年自我评价的能力和青年或成年人相比还是不高的，而且也是不稳定的，具有偶然性。到了青年期，自我意识的发展逐渐接近成熟。

（5）自我控制能力加强，有了自我教育的能力。自我控制有助于青少年实现自我与社会的同一性、人格的社会化以及内在潜能的调节，保持身心的健康发展。

二、如何与青少年相处

（一）青少年面临的心理和社会问题

青少年面临的心理和社会问题可归纳为以下三种：（1）成瘾行为（吸烟、游戏、网络）；（2）内部失调（焦虑和抑郁、青春期精神分裂症、自杀倾向和行为）；（3）外部失调（反社会行为和青少年犯罪）。

因此可以说青少年是一群令许多成人觉得惶恐与困惑的孩子，想放手却放不下心，想参与却不得其门而入。但是最重要的还是真正去理解他们，尊重他们每个人的感受。

案例 4-9

一个 14 岁男生的日记

大人们常说“少年不知愁滋味”，其实他们不了解我们。不到两年，我长高了，吃得多了，有了自己的主见，而不再是“小小少年”。但是在父母眼里，我仍然还是个孩子，逛公园、逛商场或外出散步，妈妈还是像过去一样，拉着我的手，生怕我会走丢似的。要是被同学看见了，真是丢死人了。更让我苦恼的是，妈妈总是事无巨细地管着我，每天骑车上学，妈妈总是不断地唠叨：“马路上多加小心”；晚上做完作业，刚打开电视看看体育新闻，妈妈又会问：“作业做完了吗？早点休息，明天一大早还得上学呢！”走进教室，我总觉得有十几双眼睛在盯着我，跟同学打个招呼会感到脸红心跳；一次考试取得好成绩会欣喜若狂，一次小考考砸了会垂头丧气；为了一个小问题，会与同学争得面红耳赤；当答不出老师的问题时，又会觉得羞愧难当……在同学眼中，我帅吗？在老师和同学的心目中，我是一个好学生吗？……尽管有这么多烦恼，父母却浑然不知，有时想和他们交流，但又觉得有些难以启齿，真不知道该向谁诉说。仔细观察班上其他同学，虽然他们表面上若无其事，但似乎又都与我有同样的问题、困惑与迷茫……

（二）父母该如何和处于青春期的孩子相处

首先，父母要和孩子建立积极的关系。因为从青少年发展的特征和规律来看，管教越严，可能他们反抗得越激烈。这时候，父母最该做的就是帮孩子建立积极的社会关系，这是帮助青少年疏导情绪最有效的方式。朋友、父母和导师，都能给这个时期的孩子提供很多支持和帮助。

其次，不要和孩子直接发生冲突。如果孩子对你态度不好，别和他计较，如果你被影响了，和他吵架、批评他，一定会让冲突升级，后果可能更严重。你在孩子心里的权威地位也会下降。如果冲突发生了，你可以等 90 秒，这段时间可以让人的情绪平息下去。然后你再问问孩子，他的感觉是什么。在他描述自己感受的时候，脑部前额皮质就会被激活，这样就可以安抚他的情绪了。等他的愤怒平息了，你们就可以理性对话了。

练一练

列举一种青少年时期独有的心理现象，进行分析，并给出应对的办法。

知识点四　父母教养方式

学前思考

在学习这部分内容之前，先来想想如果你是父母，你会选择哪种教养方式：

1. 保证孩子吃饱穿暖就可以了；
2. 孩子是我的，孩子的一切都得听我的；
3. 顺从孩子，孩子愿意做什么就做什么；
4. 不听话，就要好好教训；
5. 过度保护，这个不能做，那个不能做；
6. 保持权威，平等相处，既是亲情，也是友情。

一、父母教养方式的类型

父母教养方式的类型

家庭是社会的细胞，是社会文明的延续。父母的一举一动，如家长教孩子认字、说话，传递给孩子生活常识、社会规范等，对儿童的社会化和心理健康都有着重要的作用。孩子幼年时所养成的习惯最深刻，也不易改正，如果说遗传是第一天性，那么习惯就是第二天性。然而，幼年时期所形成的习惯，大多取决于家庭教养方式。

心理学家根据“接受-回应”以及“要求-控制”两个维度把养育方式分为四类，分别是专制型教养方式、权威型教养方式、放任型教养方式和忽视型教养方式。

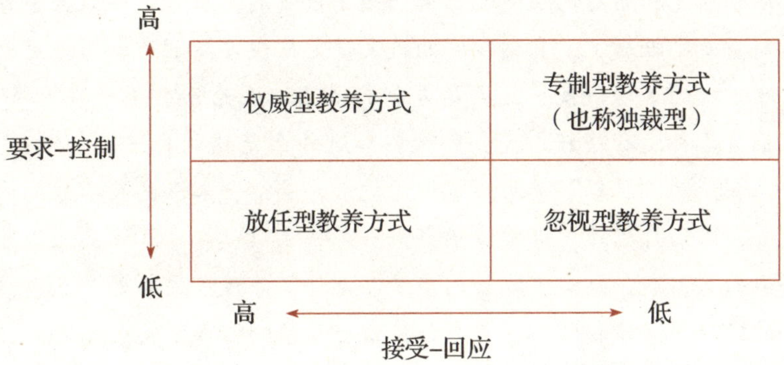

（一）专制型教养方式

专制型教养方式的父母限制性非常强，会对孩子强加很多规则，并要求孩子严格遵守。但是，他们对孩子的接纳和回应则远远不够，很少向孩子解释遵守这些规则的必要性，并且在教育过程中常常会伴随着惩罚和强制性策略。这类孩子会易怒、孤僻、多疑、不愉快、缺乏自主性、迷茫，思维僵化，没有创新能力，严重的可能会出现注意缺陷多动障碍。

案例 4－10

小李的家在北方一个小县城，祖辈都是农村人，父母也没上过什么学，父亲用当地人的话说是个“暴发户”，在乡下有自己的煤场，有车队，往返山西、辽宁等地做煤炭生意，经济实力雄厚。小李的母亲没有工作，每天最大的乐趣就是打麻将，或是和朋友出去逛街，要不就是淘宝购物。小李说：“上学的那些年就是我的噩梦，开始我也好好听课但是成绩总也不理想，我爸一看见成绩单就说我不好好学习，就打我。放学就把我关在屋子里，什么时候成绩考到前十名什么时候才能出去玩。我那时真是恨极了，他自己成天喝酒、抽烟，回家不是打人就是玩手机，自己都没有做好凭什么管我。你说我不学习我就不学习了，后来我慢慢开始逃学，和同学去网吧，尤其中学的时候，老师几乎天天找家长，告我的状，我总是免不了一顿暴打。我爸从来就只会打我，可是他越是打我我就越和他对着干。我妈也根本管不了，还总是在我面前磨叨我爸不顾家，我还总是不听话，老师经常找他们。我真的是特别烦，就当着他们的面把书都撕了，越让我学习我越不学，一点也不想在那个家里待，我就出去和朋友玩，那时感觉游戏才是我真正的归属，只有在游戏中才能找到自我，他们都说我不行，做什么都做不好，但是在游戏里我特别厉害，好多人都很崇拜我。玩的时间久了我有时都分不清现实和游戏，真想就那么一直玩下去，不要回到现实中。后来也是和朋友们在网吧出来，喝了很多酒，有人提议找点刺激，我们就一起商量着去抢劫了。直到我真的被关进监狱我才清醒地知道自己犯了多大的错。我恨我的家庭，我爸就像是专制的地主，无论什么都让我无条件服从，可是他们自己都没有做好，我从小就不知道什么是错的什么是对的。”在小李的心中，“爸爸”“妈妈”是两个可怕的词汇，这个一米八的大男孩每每谈到自己的过去、谈到自己的父母都泣不成声。

小李的青春期在他心中就如同噩梦，是什么导致了这样的悲剧？是他的家庭，他的父母、同伴和网络。首先，父亲、母亲的诸多不良习惯都被小李看在眼里，无意中就会模仿学习，父母并未做好孩子的榜样。开始打网络游戏也是受到同伴的影响，为了融入而学习，最后无法自拔。其次，父亲的专制激起他极大的反抗，父亲与他沟通的方式只有打，认为自己说的他就要做到，做不到就要打。可是这样的专制并未起作用，反而将小李推向了网络的虚拟世界，赶出了家里，赶出了现实。最后，小李生活的微系统问题重重。父母关系极为不和谐，非吵即打，孩子看不到也感受不到爱，看到的都是争吵、暴力的画面。身边的伙伴带他打游戏、抽烟、喝酒，导致他恶习满身。老师管不了只能通过找家长来协调，可是反而又加重了小李与父母间的矛盾。最终小李找到了网络这个给他慰藉的世界，暴力游戏给了他发泄的机会，也给了他现实中体验不到的成就感。网络看似使他兴奋，但是真正带给他的是逃避和冷漠，是暴力和不节制。每个微系统都“土崩瓦解”，可想小李当时的痛苦，以及内心承受的压力。

（二）权威型教养方式

权威型教养方式是一种既控制又灵活的教养方式。这类父母也会对孩子提出要求，但与专制型教养方式的父母不同的是，他们要求合理，而且会耐心地向孩子解释为什么要遵守这些规则，尊重孩子的决定、兴趣、想法和个性。总体来说，这类父母是以合理、民主的方式来控制孩子的。在控制孩子的手段上，有的父母倾向于使用行为控制，而有的则倾向于使用心理控制。行为控制就是通过控制孩子的行为来监控孩子的活动，比如孩子不收拾玩具就把玩具没收。心理控制则是通过心理手段打击孩子，从而影响孩子的行为，比如孩子做错事时，用语言贬低孩子，使他们产生羞愧感。权威型教养方式下的孩子往往自信、独立、有责任感，愿意和大人或同伴合作。

案例 4－11

《同理心养育》的作者"爱读童书妈妈小莉"分享了自己教育孩子的经历。比如小莉的大女儿小拍刚刚进幼儿园的时候，分离焦虑非常严重，经常大哭大闹。一开始小莉采取的方式是对女儿说"幼儿园每天都要上，不能说不去就不去"。可无论小莉的语气多么温柔，当她这么做的时候，她实际上采取的仍然是专制型教养方式，因为要求孩子必须去幼儿园，也没有对孩子做出任何的解释，没有接纳孩子分离焦虑的情绪。结果就是小拍哭得更大声了，直接躺在地上耍赖。小莉也冒了火，不明白为什么给孩子上了那么多的早教课，入园时还哭成这样，于是抱起孩子强行送到了幼儿园。后来小莉慢慢理解了，一个两到三岁的孩子，与亲人分离，去到一个陌生的环境，被迫和陌生人相处，这是一件多么不容易的事情。于是她改变了策略，当孩子哭闹时，首先接纳孩子的情绪，给予孩子接纳与回应是权威型教养方式最重要的一点，只有当孩子的情绪被接纳了，她才能平静下来。然后再慢慢给孩子讲道理，去幼儿园不等于妈妈不爱她了，同时告诉孩子什么时候会来接她，以及为什么小朋友要上幼儿园。在接纳和回应的过程中，最重要的是坚持必须上幼儿园这个原则，即在接纳的同时还需制定规则，二者并不矛盾。

（三）放任型教养方式

放任型教养方式是一种接纳而宽松的教育方式。父母几乎不会对孩子提出要求，允许孩子自由地表达自己的感受。这类孩子受到父母的约束和控制比较少，虽然会感到快乐，但可能会自控力不足、独立性较差、上进心不强、以自我为中心，等等。

案例 4－12

小朱是一名初中二年级的学生，父母都忙于工作，把她交给姥姥看管。小朱妈妈喜欢网上购物，爸爸喜欢玩斗地主，家里天天有人送快递。为了弥补她，父母每次下班回家时，都会问她想要什么，她要什么、做什么父母都会满足。她同学有的东西她都有，最新的电话手表这些电子产品父母也会给她买。可是后来慢慢地小朱变得特别任性，平时总是玩手机、iPad，玩小游戏，看一些网红的化妆视频，家里的化妆品一堆一堆的也没用过几个；站姿、坐姿特别丑陋，一点样子都没有。她妈妈开始担心，就立了好几条规矩，让她严格遵守，可是小朱根本听不进去，该怎样还怎样，有的时候还会和妈妈顶嘴。

小朱妈妈视小朱为珍宝，不能总是陪伴她，便用物质上的满足、行为上的不加限制来弥补。没有人在开始的时候告诉她怎样做是对的，怎样做是错的，她只知道这些都是我的，我怎么做都可以。而真正看到孩子的问题时妈妈又是百般指责，但很多行为都是孩子看家长的做法学来的。这时孩子茫然不知所措，只知道自己是最差劲的，没有人爱自己。曾经溺爱，发现问题后又变得专制，处于逆反的青春期的孩子怎么能接受与理解？孩子生活的环境系统中除了网络，其他都没有“流通”，生活就像是一潭死水，何来运转，何来流动。

（四）忽视型教养方式

忽视型教养方式和放任型教养方式类似，是一种极度宽松且对孩子没有任何要求的教养方式，但不同的是，忽视型教养方式的父母对孩子的态度是冷漠的，他们常常沉浸在自己的压力和问题中，对孩子既不管束，也不回应，孩子常常处于被忽视的状态，因此，这类孩子可能难以控制自己的情感和冲动，难以专注学业，并有可能出现问题行为。

案例 4－13

“其实我不喜欢我儿子（小亮），我就觉得他的出生让我失去了自由，所以我总是看他不顺眼。平时我也不怎么管他，他爸工作忙也不怎么在家，就让他自己玩，我有时间还想着看看电视剧、玩会儿连连看，或者逛逛淘宝。孩子小一点的时候还好，比较听老师的话，但是老师也和我反映过他比别的同学反应慢一些，还总是打其他小朋友。那会儿我也没怎么注意，可是到了高年级，老师就总是给我打电话，在微信群里点名批评小亮，批评我们做家长的，说他在学校总是打别的同学，上课还随意走动，不知道怎么和同学交往，说他他还不以为然，不知道什么是对什么是错，怎么说也不改。每次接到电话或是看到信息我就气得不行，就把气都撒到他身上去，打他，骂他，罚他站墙角什么的，觉得他也没什么出息了，从来也没抱什么期望。可是不管我怎么打就是不管用，一周老师得给我打两三个电话，我真是没办法了就把他送到这儿来，眼不见心不烦。”小亮的妈妈说道。而小亮也在交谈中表示：“我妈从来都不喜欢我，我做什么她都不理会我，我还不如手机和她亲。我做什么她也不管，我不知道怎样做是对的，怎样做是错的。”

妈妈也许没和小亮表达过不喜欢他的到来，但是行动中处处显现出嫌弃，敏感的孩子怎么能感受不到呢？妈妈从小对他的忽视让他在最需要关怀的年纪与手机、玩具一起度过。妈妈对他从来就没有期望，没有信心，忽视他的存在，孩子慢慢变得胆小、自卑，不知对错。

二、如何成为合格的权威型父母

“专制型”教养方式会导致儿童缺乏独立思考的能力，做事优柔寡断，心理上容易产生抑郁和焦虑，缺乏学习的灵活性；“放任型”教养方式会使儿童缺乏创新能力，影响儿童创造性思维和个性的发展；“忽视型”教养方式会使儿童学习注意力转移，如果得不到有效的引导将会荒废学业。只有在“权威型”的父母教养方式下，孩子才能思维活跃，富有想象力，自控能力强，做事有主见，并且能够听取意见，积极改进，学习灵活刻苦，善于和同学交流。“权威”体现了两层含义，一是体现父母对孩子的要求，即“权力”，父母具有养育孩子的义务，同时也有教养的权力；二是体现孩子对父母的反馈态度，即父母在孩子心目中的“威信”，这是亲子间互动的结果。

那么怎样做才能成为合格的“权威型”父母呢？

（1）以身作则，坚持基本原则，严格要求自己，注意自己的言行。

（2）对孩子的要求采取一致的态度，不可一个唱红脸一个唱白脸。

（3）根据孩子的实际情况，提出合理的目标和要求，利用“登门槛效应”，可以先对孩子提出较低的要求，待他们按照要求做了，予以肯定、表扬乃至奖励，然后逐渐提高要求，从而使孩子乐于无止境地积极奋发向上。协助孩子达成目标，不管是失败还是成功都要态度一致，不可以成喜、以败悲。

（4）以良好的心态和情绪面对孩子，善于倾听孩子的心声，对孩子的要求及时做出反馈，避免“权威”变成“专制”。

（5）在教育过程中应该注意，批评不能超过一定的限度，根据心理学规律中的“超限效应”，当孩子犯错时，如果父母一次、两次、三次，甚至四次、五次重复对一件事做同样的批评，会使孩子从内疚不安到不耐烦乃至反感讨厌。被“逼急”了，就会出现“我偏要这样”的反抗心理和行为。可见父母对孩子的批评不能超过限度，应对孩子“犯一次错，只批评一次”。如果非要再次批评，那也不应简单地重复，要换个角度、换种说法。这样，孩子才不会觉得同样的错误被“揪住不放”，厌烦心理、逆反心理也会随之减低。

（6）在教育的过程中要避免“德西效应”，例如父母经常会对孩子说：“如果你这次考 100 分，就奖励你 100 块钱”“要是你能考进前 5 名，就奖励你一个新玩具”。家长们也许没有想到，正是这种不当的奖励机制，将孩子的学习兴趣一点点地消减了。在学习方面，家长应引导孩子树立远大的理想，增进孩子对学习的情感和兴趣，增加孩子对学习本身的动机，帮助孩子收获学习的乐趣。家长的奖励可以是对学习有帮助的一些东西，如书本、学习器具，而一些与学习无关的奖励，则最好不要有。

受很多因素的影响，教养方式并不是家长理性选择的结果，而是家长在养育孩子的过程中无意识的表现。同时孩子的教育没有一定之规，这就需要父母在日常生活之中多一些耐心和细心，及时发现孩子成长过程中出现的问题，随时修正自己的教养方式，通过学习以及和孩子的互动来找出适合自己孩子的教养方式。孩子是不断发展的人，父母教育孩子的过程同时也是完善自我的过程。

练一练

选取一种心理效应，说说如何应用到亲子教育中。

主题五

婚姻关系

导语

我的婚姻安全吗?

在学习之前，如果有兴趣可以做个简单的关于婚姻关系是否安全的测试评分，每个问题分值为 1～3 分（1 分代表“从未”或“极少发生”；2 分代表“偶尔发生”；3 分代表“经常发生”）。

1. 小小的争执，突然变成大吵，彼此凶狠对骂，翻出陈年旧账。
2. 对方会批评、轻看我的意见、感觉和需求。
3. 我的话语或行为常被对方误认为带有敌意。
4. 有问题需要解决时，我们似乎总站在敌对的立场上。
5. 我不太能告诉对方我真正的想法与感觉。
6. 我会认真幻想，要是换个伴儿不知是何滋味。
7. 在此婚姻爱情关系中，我觉得很寂寞。
8. 我们吵架时，总有一方不愿再谈，开始退避或离开。

绿灯区：总分 8～12 分，婚姻状态良好。

黄灯区：总分 13～17 分，婚姻已亮灯，需要警惕，致力改进。

红灯区：总分超过 18 分，婚姻已进入危险阶段，需要马上采取行动。

结果仅供参考！

同学们好！接下来我们开始学习与家庭紧密相关的内容——婚姻关系。

如果一个人的生命终点是 80 岁，保守地计算，假如 30 岁结婚，那么这个人一生中有 50 年的时间处于婚姻之中。也就是说，如果婚姻长长久久的话，我们一生有一多半的时间要面对婚姻、家庭，面对婚姻带来的各种问题，要处理婚姻中的夫妻关系。有人说婚姻是世界上投入最大、风险最高的事业。面对这项宏大的事业，如何正确认识婚姻和婚姻中的夫妻关系，正确面对并处理婚姻中的各类问题，化解矛盾，建立良好的夫妻关系，构建和谐的婚姻氛围就是本部分要学习的内容，一起来认真学习吧！

请大家在本主题学材的指引下，观看每个知识点的微课，加深对理论知识的理解，并在规定时间内完成本主题作业。只有全部完成上述各项内容，你才算完成了本主题学习任务。

学习目标

知识目标

学习完本主题内容后，你将能够：

- 列举婚姻常见的类型；
- 解释说明父母婚姻关系对孩子的影响有哪些；
- 列举提高婚姻质量的方法；
- 列举婚姻冲突的五种常见模式，并能结合具体的例子说明每种模式如何处理冲突；
- 判断夫妻关系的类型；
- 解释说明如何建立良好的夫妻关系；
- 列举化解夫妻矛盾的方法。

思政目标

- 树立正确的家庭婚姻观；
- 科学认识夫妻关系，积极促进良好婚姻关系的形成。

接下来让我们一步步深入理解本主题的学习内容。首先，我们来熟悉一下本主题内容的整体框架。

思维导图

以下是本主题内容的整体框架以及学习这部分内容的思维过程规划。此图可以帮助你从整体上了解本主题内容的知识结构和学习路径，包括婚姻的类型、婚姻关系以及家庭中夫妻关系的类型。请你仔细品读和理解，帮助自己建立对本部分知识的整体印象。

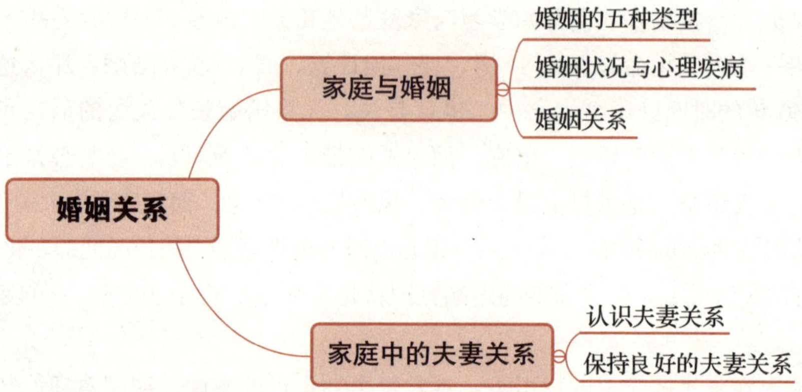

看完上面的思维导图后，你是否已经对本主题所要学习的内容以及如何学习这些内容有一个初步的整体印象了呢？接下来，我们在这个整体框架的指引下来逐一学习每个知识点的具体内容。我们需要重点学习婚姻关系的类型，了解如何保持良好的夫妻关系。同时，在学完这些的基础上，要试着将它们与现实生活进行对接和思考，这样可以帮助你更好地内化所学知识点。

知识点一　家庭与婚姻

家庭与婚姻

学前思考

在学习之前，我们先来看看对婚姻的一些认识上的误区：

1. 情绪或人格的问题会毁灭婚姻。
2. 共同的兴趣爱好将你们拉到一起。
3. 夫妻应该互相回报对方的友善。
4. 回避冲突会毁掉你的婚姻。

在很多人看来，性格冲动或焦躁的人是不适合婚姻的，一个人的情绪好坏会直接影响到另外的人或事，同时也会影响与另一半的相处，而研究却表明，普通的神经官能症与爱情婚姻的失败之间关联不大。这是因为我们都有不能完全理性对待问题的一面，但是，这些问题并不会对婚姻造成必然的干扰，真正幸福的婚姻，关键不在于你的另一半要有“正常的”人格，而在于你的另一半是跟你合得来的人。

例如，男方是个掌控欲很强的人，他非常厌烦有人管着他，如果他同一个同样喜欢掌控别人的女人结婚的话，那么结果是容易想象的；但是，如果他与一个掌控欲不强的女人结婚，那么他的婚姻肯定要比与前者结婚幸福得多。

本部分内容将带我们从心理学角度来认识家庭和婚姻，了解建立良好婚姻关系的方法。

一、婚姻的五种类型

婚姻是男女双方在平等自愿的基础上建立的长期契约关系。家庭源于婚姻，婚姻是组成家庭的基础和根据。婚姻的幸福感是人生幸福中最重要、持久的组成部分，体现了对幸福度最高的感受力。家庭是社会的细胞，每个家庭的祥和是社会稳定的决定性因素。作为婚姻组成的双方来说，个人对社会的贡献，首先体现在家庭的建设上，这种建设不仅表现为物质上的不断丰富，同时也表现为家庭中每一个人的心理建设，使生活在其中的每一个家庭成员都有一种归属感、充实感、幸福感。幸福的婚姻需要双方的共同努力。

（一）习惯冲突型

这种婚姻以不断出现争吵和分歧为其特征，“大吵三六九，小吵天天有”。但这些夫妻的婚姻却在争吵和冲突的基础上不断成熟。事实上，正是这些冲突提供的刺激使婚姻得以延续。这些夫妻能够继续在一起是因为他们能以某种方式发现冲突和解决冲突。这类不调和的婚姻通常建立在相互挑衅的基础上，但不管怎样，他们都有自己独特的婚姻模式和风格，虽然这种婚姻方式让常人看起来难以接受，但实际上这种婚姻并不属于夫妻间毫无感情的死亡婚姻。

（二）失去活力型

这种婚姻夫妻双方一度有过亲密的和相爱的关系，也有过完美的性生活。但是，随着岁月的流逝和生活的改变，他们已经对情感变得麻木，陷入了婚姻泥淖。尽管夫妻双方都多少感受到了对方的冷淡，但他们仍然和谐相处并维持着婚姻。许多人认为，在经过了婚姻早期的浪漫激情后，婚姻自然而然地就会变得单调乏味和公式化。这种观念使得很多丧失活力的婚姻能够比较稳定地延续下去。“过得没什么劲”“家家不都这样过嘛”，就是这种婚姻类型的人常挂在嘴边的话。这是社会中最普遍的婚姻类型，它属于满足-不稳定型，随着时间的推移，会变得十分脆弱，一有外来冲击，就很容易解体。这种婚姻中特别容易出现婚外情，因为婚内已没有什么引起夫妻共同感兴趣的东西。

（三）消极迎合型

这种婚姻一开始就是一个没有实际内容的空壳，因此也就不存在失去真爱、激情、活力及彼此满足的问题。这种随遇而安的婚姻关系，夫妻待在一起是因为惰性，以及孩子和经济方面的考虑。这是一种利益型的婚姻，许多人进入这种婚姻是出于一种非情感而精于计算的考虑。由于卷入时情感就明显缺乏，所以很少发生冲突。换句话说，连引起冲突的激情都没有。因为夫妻双方从一开始对婚姻就不存在太高的期望值，而且他们得到和缺乏的正是他们在婚前就知道会得到和缺乏的，所以也没有什么失望与不满，这种婚姻不能给夫妻双方带来什么满足，夫妻双方虽然相互顺从，但都不愿承担更多的义务。

（四）充满活力型

这是一种相对完美的充满感情色彩的婚姻关系类型。在这种婚姻关系中，夫妻双方相濡以沫，并且认真地承担着对婚姻的责任和义务。他们并不把两个人封闭在有限的共同空间内，而是每个人都有充分的余地去发展个性，拥有自主权。与此同时，他们也从事着大量能引起情感共鸣和分享乐趣的活动，他们很重视开诚布公的信息交流和迅速平息争端，几乎没有长期的冲突。充满活力型婚姻的大多数夫妻认为，性生活是重要而又愉快的，夫妻俩应努力达到性生活的和谐一致。

（五）共同努力型

这种婚姻类型类似于充满活力型婚姻，但内涵更丰富。它不仅仅是一种亲密无间和情意绵绵的关系，还以开诚布公的信息交流和有效解除冲突为其特征，而且更强调过程的共享。他们哪怕是一点点冲突和一点点个人的经历都要相互分享，商业交易和职业活动中的困难也要一起解决。这类夫妻是共同创业型的，可以为一个崇高的理想长期共同奋斗。

二、婚姻状况与心理疾病

婚姻状况一般分为未婚、已婚（有配偶）、丧偶、离婚四类。大量的研究表明，良好的人际关系有助于身体的健康，研究同样指出，社会孤立是造成病症和死亡的一个重要因素。对成人而言，婚姻是至关重要的人际关系。在面临各种严重疾病时，已婚成人的死亡率要低于同等条件下的未婚者。相反，健康的人更多的是婚姻关系良好的人，他们拥有更少的压力，更多的社会支持，较少的不良生活习惯。另外，婚姻的保护作用在男性身上体现得更为明显，未婚的女性比已婚女性的死亡率高 50%，而未婚男性的死亡率则比已婚男性高 250%，原因是女性比男性更关心配偶的健康。下面针对几种常见的心理疾病来分析婚姻状况与健康的关系。

（一）抑郁

研究表明，婚姻与抑郁的关系是双向的，质量差的婚姻会加重抑郁的症状，而抑郁则使婚姻的质量更差。婚姻不幸与患抑郁症之间的相关性，对女性和男性而言是一样的，但也有研究发现女性抑郁的可能性是男性的 2 倍多（Weissman，1987）。另外，在婚姻的不同阶段，婚姻问题与抑郁之间的关系显示出性别上的差异，对男性而言，其表现是抑郁导致了婚姻的问题；而对女性而言则是婚姻问题导致了抑郁。

（二）场所恐怖症

戈尔茨坦等（1978）将场所恐怖症分为两种：单性场所恐怖症和复杂性场所恐怖症。其症状有：害怕，自理能力低下或缺乏技能，把一些偶然事件当作恐慌事件。当发生严重冲突时，就会出现上述的一些症状，这些症状总是同人际关系相关。根据心理动因学的观点，依赖感是导致场所恐怖症的主要因素。一个患有场所恐怖症的成人会退化到对其配偶有种婴儿般的依赖感，其配偶由于接受了对方的依赖而成为双方中的强者。显然婚姻关系能够满足双方共同的需要或者弥补双方的不足。患场所恐怖症的人由于缺乏自信心，而这种天性不足在其婚姻中又得到了消减，场所恐怖症患者通过依赖其配偶而获得了支持。因此，场所恐怖症被认为是患者及其配偶之间补偿性关系受到破坏的结果。Doctor（1982）指导下的一项研究对 400 多个场所恐怖症患者进行了有关消极生活事件的调查，他发现，分居或丧偶（31%）、人际关系问题（30%）、新的责任（20%）是发生恐慌和患场所恐怖症的最普遍的原因。Lazaurs 认为虽然一方顺从另一方的要求会诱发场所恐怖症，但是婚姻本身却因这些要求而发生改变，这些改变可能反过来又加重焦虑问题。例如，一个本可以自己去买东西的妇女现在依赖其丈夫去购物，丈夫于是有了新的义务，而这种义务又反过来影响到婚姻的和谐。婚姻压力使已有的压力增加，使患者的改善和恢复更加困难。

（三）敌意特性

敌意包括人与人之间的不信任、怀疑、愤世嫉俗、易于体验到愤怒和仇恨、不合作、攻击行为，它被认为是引起过早生病（特别是冠心病）和死亡的危险因素。敌意不仅会损害社会关系、加剧对社交压力的生理反应，而且还会促使不良生活习惯的养成，如吸烟、酗酒，从而导致不良的健康状况。与低水平敌意的个体相比，高水平敌意的个体在婚姻中显示出更多的消极冲突行为，有敌意的丈夫和有敌意的妻子在双方发生冲突时，前者的消极处理方式会表现得更为明显。一项对刚结婚夫妻的研究表明，有敌意的丈夫在前三年里对婚姻的满意度呈线性下降，而其妻子对婚姻的满意度也呈现出显著的线性下降。相反，妻子的敌意特性却没有体现在双方对婚姻的满意度上。对已婚的人而言，敌意特性同样也与抑郁相关联。有敌意的丈夫和妻子都报告说他们有高水平的抑郁症状，有敌意的丈夫会表现出更多的不满意、冲突、高反应。而对妻子来说，嫁给一个有敌意的丈夫会加剧抑郁，妻子会在社会、情感、生理功能上受到有敌意的丈夫的消极影响。敌意会导致消极的婚姻互动行为并损害婚姻质量，并且会加剧婚姻冲突引起的生理反应。研究证明，有敌意的人会在人际交往的烦恼和冲突中表现出明显的心血管的反应，因为其心理特性使他们对人际交往中的威胁更敏感、反应更剧烈。

（四）嗜酒如命

饮酒和婚姻关系密切相关，有研究者提出了“酒精型婚姻”的概念。早期的理论认为，配偶是导致饮酒者长期饮酒的根源所在。一些研究表明，婚姻冲突既是滥用酒精和药物的原因，也可能是其结果。在中年夫妻中，心情不畅的丈夫比心情愉快的丈夫会喝更多的酒，而在妇女中，这种差异不显著。饮酒也会给家庭生活带来消极的影响。酗酒者的配偶更有可能出现心理或生活上的问题——生长在酗酒者家庭里的孩子会出现各种心理、行为以及学业上的问题，并且他们也很可能效仿父母的酗酒行为。通常，饮酒者的行为能力会有所下降，从而增加了其他家庭成员的义务，常常导致配偶的负担过重。同时，饮酒本身也会妨碍伴侣间的有效交流和问题的解决。

三、婚姻关系

（一）婚姻关系中常见的误区

1. 共同的兴趣爱好促使双方关系密切

这个说法是不正确的。共同的兴趣爱好能否使夫妻双方关系密切，这取决于彼此在追求这些爱好时如何配合。一对热爱运动的夫妻很可能在运动期间相互关注、相互交流，是他们对运动的热爱深化了他们彼此之间的爱好和兴趣。

而同样喜欢运动的另外一对夫妻，他们并不像上面那对夫妻一样能够做到尊重彼此，在运动过程中，他们或者相互嫌弃，或者彼此沉默。从这对夫妻的情况来看，并不是拥有共同的兴趣爱好就能给婚姻带来好处。

2. 夫妻应该互相回报对方的友善

认同“夫妻间应该互相回报”说法的人，其实认为，在夫妻之间有一个不成文的协议，这个协议能够给予夫妻双方中的任何一方说好话或做好事的人以补偿。他们这样来证明自己的观点：通过对比观察幸福婚姻与失败婚姻中配偶之间的相处，会发现：幸福婚姻中的配偶会互相示好，比如他们会用微笑回报微笑，用亲吻回报亲吻。而在不幸的婚姻中，夫妻之间的生活到处充斥着愤怒与怨恨。如果让处于这种困境中的夫妻意识到他们也需要遵照类似一些“协议”的话，并本着“应该相互回报对方的友善”的方式进行相处，那么夫妻之间的互动也会得到修复。

但是这个说法其实是不正确的。诚然，在不幸的婚姻中，这种补偿经营的确是存在的，也会改善婚姻关系。但这种婚姻关系不会维持长久，因为幸福婚姻中的夫妻不会在意一方为对方付出了多少，认为一个人做了晚饭，另一个人就要以洗碗作为补偿，这是因为他们对他们的配偶以及婚姻本来就是信心十足。如果夫妻双方在婚姻中认为每个人都觉得有必要记账，看谁为谁做过什么，对方是否也回报了等量的补偿，并长期维持这种斤斤计较的婚姻生活，很可能意味着这些问题将成为婚姻中的敏感问题，并可能由此发酵爆发。

3. 回避冲突会毁掉婚姻

对待婚姻，很多人会觉得实事求是应该是一种普遍的态度，但是诚实并非对所有的婚姻都有好处，许多一生幸福的夫妻常常是把问题藏起来的。

有一对这样的夫妻，当丈夫惹恼了妻子，他就会转身离开，自顾自地看体育节目，而如果妻子生丈夫的气，她就会气哄哄地去逛商场，然后两个人又重新走到一起继续生活，好像之前什么事情也没有发生过。结婚 40 多年来，他们从来没有坐下来正儿八经地讨论过婚姻这个话题，但是，他们会诚实地告诉你，他们对自己的婚姻生活感到很满意，他们有着相同的价值观，他们彼此深爱着对方，他们喜欢一起钓鱼、旅行，而且他们希望自己的子女能像他们一样过着幸福的婚姻生活。

其实，不同夫妻的冲突风格是截然不同的。有些夫妻会避免任何争斗，有些夫妻会经常为了琐碎小事而争吵不休，有些夫妻则能“详细讨论”他们的分歧并在无须大声争吵的情况下找到折中的办法。在这些不同的冲突风格中，没有哪一种比另一种更好，只要这种风格能对两个人起作用，就是好的。如果夫妻中的任何一方总想把冲突讲个明白，而另一方只想看到最后结果的话，那么，他们只会遇到麻烦。

4. 外遇是离婚的根本原因

外遇是导致离婚的根本原因吗？恰恰不是。其实，是婚姻中存在的问题把夫妻双方送到离婚的轨道上，使得他们去寻找婚外的亲密关系的。在大部分婚外情的案例中，我们会发现这些婚外约会通常与性无关，却与寻求友谊、支持、理解、尊重、注意、关爱有关，而这些原本是婚姻应该提供的东西。

有调查表明，80%的离异男女认为，他们婚姻破裂的原因是夫妻双方彼此逐渐疏远，丧失了亲密感，或是感受不到爱与欣赏了。然而，在这些调查者中，只有20%～27%的夫妻认为婚外情要对婚姻的破裂负部分责任。

（二）婚姻对孩子的影响

案例 5-1

一对夫妻在女儿 10 岁时决定离婚，离婚时考虑到女儿的身心健康，他们商定，隐瞒真相，在孩子面前维持一个完美家庭的表象。过了一段时间，女儿哭着跑回家，对妈妈说："同学看到爸爸和一个阿姨在一起。"前妻为此质问前夫，经过一番争吵，他们再次达成协议：离婚这件事对女儿隐瞒彻底，各方即使有了新的感情也要瞒着孩子。他们以为只要保持"家庭完整"，孩子就不会受到伤害。殊不知女儿对一切早已知晓，只是从不说破。在青春期时，女儿有了严重的心理障碍，对所有的男性都非常排斥。

父母的婚姻关系对孩子的成长有十分重要的作用。婚姻是一生中最重要的生活经历之一，婚姻关系是家庭关系中最基本的一种人际关系。对绝大多数人而言，家庭是幼儿最早的生活环境，父母是子女的第一任老师，是他们最早接触、最亲密的人。孩子从出生开始便受到父母婚姻生活的耳濡目染，由此获得关于夫妻、父母、家庭的最初印象。虽然孩子不是婚姻关系的直接构成者，但父母的婚姻状况却随时被孩子观察、记忆，在成长过程中，他们以此为基础形成自己的家庭观、婚姻观，并在其指导下交友、结婚。观察学习理论最早用于解释父母婚姻冲突与子女发展之间的关系。该理论认为许多知识、技能、社会规范等的学习都来自间接经验，是人类在社会交往中，通过对榜样的示范行为的观察、模仿获得的。幼儿的模仿能力极强，置身家庭之中，父母的言行举止均是孩子模仿的对象，幼儿通过对父母行为的观察和模仿来学习扮演一定的角色，从而获得自己的社会技能，特别是合作、沟通、妥协等。在婚姻关系良好的家庭中，父母积极有效的行为为子女提供了学会控制自我情感的环境，而在婚姻关系不良、高冲突的家庭中，孩子往往会把父母愤怒、冲动的行为整合到自己的行为中去，从而学不到正确的社交技能。

近年来，国内外的许多研究都表明，父母的婚姻关系会对子女的人格特征、心理健康以及行为产生普遍的影响。

1. 父母婚姻关系对子女人格特征的影响

学者刘金花对城市独生子女大学生的人格及家庭环境进行了调查，发现父母关系是大学生人格特征的影响因素之一，父母关系好的子女在人格特征上有更多的优越性，心理健康水平和专业成就的人格特征得分也更高一些。同时父母的婚姻关系会影响到孩子的气质。父母关系融洽，能给孩子提供一个安全舒适的环境，有利于儿童个性的发展，反之易使儿童形成矛盾的、不稳定的心态。

2. 父母婚姻关系对子女心理健康和行为的影响

大量的国内外研究表明，父母婚姻关系对儿童的行为问题具有直接或间接的影响。在整个童年期，父母婚姻关系不好会使儿童很痛苦，他们容易哭泣、愤怒、不适、焦虑。不良的婚姻关系会显著影响儿童的社会交往，观察父母冲突时所采取的解决方式是儿童形成自己关系模型的主要途径。无法应付父母间的冲突，感到不快乐的儿童将更容易变得焦虑和恐惧。不良的婚姻关系，与幼儿的反社会行为、不良行为、攻击行为等外在问题行为和焦虑、不安等内部问题行为之间有一定的关系，在良好家庭环境中成长的孩子，其行为问题出现得较少。

父母是孩子的榜样和模仿的对象，家庭内部不良的人际关系会诱导、引发孩子的心理行为问题。婚姻关系一方面可以直接影响幼儿的心理行为问题，另一方面又可以通过亲子关系这一中介因素间接影响幼儿的心理行为问题。学者戴晓阳等人的研究也证实，离异的家庭背景在不同程度上会对儿童自我意识和人际信任的发展造成不良影响。

家庭和睦，婚姻幸福，才是孩子成长最好的温床。孩子的世界是单纯美好、晶莹剔透的，大人们的一言一行都被他们看在眼里，都被他们记录在纯真的心灵里，对他们将来的成长发展起着十分重要的作用。父母要以自己的言行为表率，为孩子创造良好的家庭氛围。

（三）如何正确面对婚姻关系

由未婚到已婚，在开启婚姻模式以后，身份角色的变化会给心理造成不小的冲击，为什么会产生这些冲击呢？

1. 婚前的“自尊”心理与婚后的“自卑”心理产生了冲突

婚前女性是一个独立的个体，但在中国传统文化中家庭以男人为基础，很多女性会有一种将自己一生交付给了这个男人的感觉，前途未卜，更容易让妻子产生自卑情绪。婚前婚后，女性心里可能会有落差，如果婚前男方积极表现而婚后消极怠慢，比如婚前买早点，积极接送出入，而婚后只顾蒙头大睡，也不再积极表现的话，更容易让女性对今后未知的婚姻生活产生“自卑”的心理。

2. 婚前的“独立”心理与婚后的“依赖”心理的冲突

女性婚前是很独立的，她们会按照自己的喜好和方式来打理自己的生活，但是婚后，一个人的生活变成了两个人，妻子对生活的追求需要丈夫一起来承担，行动上的一致自然也需要情感上的认同，如果夫妻双方承接好的话，两个人就能其乐融融，但凡任何一方承接不好，婚姻中就会出现一些矛盾和抱怨。

3. 婚前的自我中心与婚后的以家为中心的冲突

女性一旦结婚，曾经的天真烂漫被生活拉回了现实，下班后买菜做饭、周末大扫除、购置生活用品等，刚开始可能因为新鲜感而乐于承担，但如果长期负责，那么内心的不满早晚会以抱怨的形式发泄出来。对妻子而言，自己的生活中多了一个人，该以什么样的方式去对待对方成了女性考虑最多的事情。而以上的几个变化足以让每一位步入婚姻的女性感受到不小的心理压力。

比如在一部分婚姻家庭中，很多丈夫在结婚之后完成了人生的一大喜事，便专注于事业的发展，将家庭交由妻子打理和照顾。妻子虽然也会外出工作，但也很自然地主动承担了照顾孩子的责任。在这个阶段里传统的男女强弱的角色定型，是让夫妻在现实生活里感到迷茫的根本原因，本来丈夫是妻子眼中一个很重要的人，现在却变成了一个次要的角色，妻子将大部分的心思和时间花在孩子身上，丈夫容易产生被忽略的感受，但基于强者的心态往往没法向妻子开口要求。

此外，妻子在教育子女方面往往较为投入，但又不甘于让丈夫置身事外，尤其是在与子女发生冲突时，如果没有丈夫的认同和支持，妻子总觉得有所欠缺。妻子这种本应该得到丈夫的保护而没有得到的心理缺失很容易导致婚姻关系里的矛盾与冲突。

（四）如何经营婚姻关系

1. 双方要互相尊重，平等对待

婚姻的双方如果有一方总想着对方能时时地顺从自己，以自己为中心，那么对方的不满情绪迟早会被激发，因为许多事例都告诉我们违背别人意志的事情最终都不会长久，最好的方法是在不违背原则的情况下学会尊重、宽容和接纳，这样才能处理好夫妻关系。

2. 尽量避免极端心理

婚后的夫妻要说没有矛盾是不可能的，有了矛盾就要及时沟通。在现实生活中，大多数人在婚姻中出现了矛盾和问题以后会用冷战或者摔锅摔碗、离家出走、分居甚至暴力等手段解决，这样不仅于事无补，还会加速夫妻感情的破裂。

3. 情感要专一

几乎 99%的夫妻离婚都是因为对方的感情不专，不论男女，只要是正常的人都不能忍受婚后另一半对自己的不专一。

4. 家务不能由女性独揽

传统的家庭模式是男主外女主内，男人一回家里就当甩手掌柜，家务都是女人干，然而随着社会的发展，这种模式越来越不合时宜，更加不利于家庭的稳定。现在女性也都有自己的工作，由她们独揽家务不仅不公平，更会让她们憋屈和难受，在心理上无法接受。

5. 互相尊重对方的父母

很多夫妻都会有这样的感受：自己的父母就是父母，而对对方的父母则没有那么真切的情感；对自己的父母可以倾尽所有，对对方的父母则不行。在这件事情上还是要一碗水端平，否则会伤害夫妻感情，无法让对方全心全意地去爱自己。

6. 彼此独立

在婚姻世界中做到独立，才是最有魅力的。在婚姻中，夫妻双方首先要明白的是，每个人都是独立的个体，两个人精神独立，同时情感上依赖，这样的感情才会更稳固，双方在一起生活才能既轻松又富有情趣。真正懂得独立的人，无论是否结婚，都会先学会让自己生活得更好。留住一个人的，从来不是灵魂的卑微，而是活得出色和独立。

7. 相互扶持

爱是理解、陪伴、相互扶持。每个人都会有自己脆弱的地方。家不是比较谁比谁更厉害的地方，家是可以安放自己的脆弱，彼此相互扶持、相互理解、相互包容的集体。很多优秀的人在爱情中却并不幸福，就是因为他们在婚姻中过于强势，总是以很高的标准去衡量彼此。我们每个人都需要明白的是爱一个人，一定不是去掌控谁，而是认真地体会对方是谁，体会到他的好，也去发现他的脆弱，爱一定是彼此需要，而不是把自己表现得很强。每个人都不完美，都会有脆弱的时候，正因为如此，我们才要相互扶持，相互帮助着走下去，可以说在婚姻中是两个独立的灵魂共同促进，如果我们没有学好这一课，婚姻就会失衡，人们就会在婚姻中变得惶恐与不安。

8. 共同成长

最好的夫妻关系是共同成长，彼此成就。婚姻的纽带，一定不是孩子，也不是金钱，而是两个人精神的共同成长。

（五）如何提升婚姻质量

1. 信任与沟通

（1）彼此信任。在家庭中，丈夫与妻子应该相互理解和信任。

（2）经常沟通。有时候我们往往执着于谁对谁错，缺少沟通与交流，结果伤人伤感情，得不偿失。

2. 赞赏与疼爱

（1）学会赞赏。在家庭中，好的丈夫是夸出来的，妻子要学会用言语赞赏，用爱情赢得丈夫，用柔情温暖丈夫，用真心感化丈夫。

（2）懂得疼爱。同样，在婚姻关系中，好的妻子是疼出来的，丈夫要用真心疼爱妻子，用诚心体贴妻子，用关心照顾妻子，用细心懂得妻子。

3. 空间与自由

给对方留出足够的空间，同时也要拥有属于自己的一点时间、一片天空、一份自由，给婚姻涂上新的色彩，注入新的生机。真正活出自我，学会好好珍爱自己。

4. 换位思考

换位思考，就是将自己放到对方的位置，站在对方的角度来考虑问题。换一个角度看问题，往往能够带来不同的感受，带来另一种分析结果，甚至改变自己的思维和判断，让婚姻生活充满活力。处于不同的角度、不同的环境，人们经历过的事情不同，各自的体验也不太相同，没有经历过的事情就没有发言权，在婚姻生活中，做什么事情都要换位想一下，就会心平气和，事情就会朝着“阳光”的方面发展了。

有这样一个故事：妻子正在厨房炒菜，丈夫在她的旁边一直唠叨个不停：“慢些，小心！火太大了。赶快把菜翻过来，快铲起来，油放太多了！……”“请你住口！”妻子不耐烦地大声说，“我懂得怎么炒菜，不用你说。”“我知道你懂！”丈夫平静地回答，

"我只是想让你知道，我在开车时，你在旁边喋喋不休，我的感觉就是这样的。"

（六）婚姻冲突的模式

在婚姻中，冲突是不可避免的，懂得如何处理冲突，才可以帮助我们更加了解彼此，让亲密关系更上一层楼。人与人之间的冲突，很少是与事实本身有关的，大部分是与一个人对这个事实的解释、看待这个事实的角度以及与双方的价值观有关。人们在面对冲突时，通常会表现出五种模式。了解这五种模式，会帮助个人发现自己的冲突模式和对方的模式，帮助自己改变不健康和不真诚的沟通方式，学会用健康和真诚的方式进行沟通。

1. 指责/攻击型

例如"都是你的错……"。相信先下手为强，用攻击别人来保护自己。指控者的姿势是：左手叉腰，右脚伸出来。然后，伸出右手，指向对方，而且用凶狠、恶毒的眼光看着对方。许多人在受到伤害时，就容易用指控别人的方式来保护自己。

2. 讨好/屈就型

例如"都是我的错……"。惧怕冲突，容易为了减少冲突而委曲求全地讨好别人，将责任不分青红皂白地揽在自己身上。讨好型的姿势是：左膝跪下来，左手捧着心，右手常常高高伸上去，然后头低下来，再向上看。

3. 冷战/冻结型

例如"和你没法说"。就像兔子，被车灯照到的时候，突然僵住，不知道该怎么办。不会处理冲突和不太会表达情绪感受，容易用讲道理或冷战的方式来表达自己或回应冲突。他们压抑自己的感觉，把所有精力都投注到工作或者其他事情上，以此逃避冲突，保护自己不受伤。冷战型的姿势是：身体笔直，立正，把头向上看，与对方保持距离。他们就像电脑死机了，没有任何的运作，不跟任何人有交流。

4. 逃避/避重就轻型

在碰到冲突的时候会选择逃避的方式，同时害怕冲突，用转移话题、制造气氛等方式来脱离冲突带来的压力。

5. 真诚/双赢型

拥有成熟健康的人格，他们知道自己是谁、需要什么；了解伴侣，知道对方需要什么；懂得彼此疼惜，寻求双赢，想办法让两个人的需求都得到满足。同时也懂得接纳自己，允许别人做自己，能够真诚地处理冲突。

（七）用真诚型的模式处理冲突

自己首先要有安全感，如果自己都没有安全感的话，就没有办法去爱别人。如果自己有自尊心、自信心，有自我价值感，就不怕被伤害，就能更多地去爱别人，别人也会以爱回报，这样就从恶性循环变成了良性互动。

（1）合二为一。在意志上要明确彼此是一体的，是夫妻；在认知上要认识到男女两个人有差异是必然的，要学会接纳差异，也要认识到冲突是不可避免的，可以把它看作是彼此了解的机会；在情感上，用心去爱，从心灵深处体会对方，学会正确地表达自己的感受和需要，并用心了解对方的感受和需要，减少破坏性的沟通。

（2）了解原生家庭史，并重建家庭文化。了解对方成长过程中在原生家庭中的缺失、负面情绪和需要以及爱的习惯等，在化解冲突的过程中进一步了解对方，并重构家庭文化。

（3）安抚情绪，拓宽角度。在冲突中，先安抚自己的情绪，再解决问题，然后发展处理问题的观点和角度。

（4）在冲突中寻求双赢。先觉察各自的需求，然后采用“聆听与澄清”的技巧（如“你的意思是不是……”）探索深层需求，找出真正需要满足的需求，最后再协商采取合适的方案满足双方的要求。

例如：一对夫妻，丈夫想在院子里种菜，而妻子想种花。

如果丈夫用攻击型模式来处理冲突，他就会不管妻子的感受，用霸道的方式，先种了菜再说，反正木已成舟，你对我也无可奈何。

如果丈夫用讨好型模式来处理冲突，他就会委曲求全，压抑自己的需求，拱手把地让给妻子种花。

如果丈夫用冻结型模式来处理冲突，每次妻子一提到要种花，他就不知所措，为了避免争端，不表达意见，采用拖延战术。

如果丈夫用逃避型模式来处理冲突，每次妻子一提到要种花，他就开个玩笑，转换话题，“逃之夭夭”。

冻结型和逃避型的冲突处理模式有极相似之处，两者都不敢正面处理冲突，前者采用较被动的方式，而后者采用较主动的方式来保护自己。

以上四种模式都无法真正解决问题，而且会对婚姻关系造成破坏。

丈夫如果学会用真诚型模式处理冲突，那么，他就可以尝试用双赢的步骤满足双方的需求：

第一步，觉察表面立场：丈夫要种菜，妻子想种花。

第二步，探索深层需求。了解表面立场下必须被满足的深层需求。丈夫想种菜，是因为来自农家，内心深处非常想念那种跟大自然亲近，看到绿色生命成长的感觉，并享受果实丰收的喜悦，而种菜正好可以让他满足这种愿望；妻子因从小家里脏乱，心中最梦寐以求的就是要有美丽的家园，所以才坚持要种花。

第三步，合力寻求双赢。里面种菜，外面种花。

练一练

面对婚姻中的冲突，夫妻双方应如何处理？

知识点二　家庭中的夫妻关系

学前思考

在学习之前，我们先来思考一个问题：

在生活中，同样一句话"我没有什么可穿的了"，妻子和丈夫的角度不同，所表达的意思也不同，你能分析一下吗？

在家庭中，夫妻双方在沟通方面是存在差异的。女人思考问题偏感性，而男人则偏理性。在婚姻生活中经常会出现这种情况：我想说的和你听到的不一致，你所理解的也根本不是我要表达的意思。夫妻之间沟通不畅并不是因为没有办法正常交流，而是因为他们不仅习惯站在自己的角度看问题，而且还不愿意向对方表达心声，当猜不透彼此的心思时，激烈的争吵很有可能随之而来。

当妻子说"我没有什么可穿的了"，意思是她没有新衣服可穿了，而当丈夫说"我没有什么可穿的了"，意思是他没有干净的衣服可穿了。这个时候我们就要好好跟对方沟通，而不是当你没有理解就抱怨，如果你的另一半脾气不是很好的话，你需要学会包容对方。其实幸福的婚姻是很简单的，只是有些时候我们把它复杂化了。

一、认识夫妻关系

婚姻关系中最核心的就是夫妻关系，夫妻关系是指在一段婚姻中丈夫与妻子的关系。在现代婚姻中，人们越来越追求夫妻之间的和谐、愉悦，渴望构建良好的夫妻关系。那么，如何建立和保持这样的夫妻关系呢？当夫妻关系出现裂痕时往往有哪些征兆呢？化解夫妻之间的矛盾，调剂夫妻关系，这也是婚姻中需要掌握的一门技巧。

（一）夫妻关系的三种类型

1. 儿童-儿童型，也叫儿子-女儿型

这是最糟糕的类型。双方都是自私自利型，或许最初会一见钟情擦出火花，但好景不长，相处一段时间以后矛盾会迅速凸显，双方都会高度以自我为中心，根本无法做到站在对方的立场上去看问题，根本无法理解和体谅对方，关系会迅速破裂。

2. 儿童-成人型，包括父亲-女儿型和母亲-儿子型

这是不太好但还不算是最坏的类型，也是最常见的类型。一方像儿童，无限制

地向对方索取，另一方是成人，因为爱和宽容而纵容了“儿童”一方，但是并不平衡也不平等，成人一方会长时间压抑，通常的结果有两种：（1）在压抑中慢慢绝望；（2）在压抑中突然爆发。

3. 成人-成人型，也叫丈夫-妻子型

这是最好的类型。双方都深爱对方，能够站在对方的角度上去看问题，能够理解对方、懂得宽容，能够给对方支持和鼓励，但又不过分依附和控制对方，保持各自的自由度和空间，互相支持但又不丧失各自的独立性，不会因为没有对方的帮助或存在就失去正常生活的能力和信心。

夫妻之间的关系可以包含上述三种类型，但必须以第三种为主，也就是说，夫妻关系的核心应该是夫妻。丈夫可以如同父亲、哥哥、弟弟、情人、儿子、朋友一般，但核心应该是丈夫；妻子可以如同母亲、姐姐、妹妹、情人、女儿、朋友一般，但核心应该是妻子，这样的关系才是健康的。这其实也就说明了婚姻和爱情的本质区别，婚姻中父亲和母亲代表一种责任；哥哥、姐姐、弟弟、妹妹代表一种关心、呵护、爱护、照顾；情人相当于一块爱情调色板；儿子、女儿代表一种生活情趣；朋友代表一种理解、尊重、协商。

（二）良好夫妻关系的标准

1. 精神层面的沟通

（1）沟通。夫妻关系最和谐的境界就是精神层面可以沟通，不会出现“鸡同鸭讲”的局面。

（2）理解。夫妻的兴趣爱好、人生观、世界观、价值追求和生活目标在大方向上一致，在小方面相互理解，这样才能营造和谐的家庭氛围和良好的夫妻关系。婚姻是以物质为基础的奢侈的精神享受，精神的融合才是最美满的状态。

2. 关注对方的发展

婚姻中夫妻双方在共同构建生活的时候，不要忘记关心伴侣的心理活动，关注伴侣的发展。丈夫和妻子对于各自事业的发展都有清晰明了的规划，同时关注对方的发展方向和现状，当对方在生活工作中遇到困难时能够理解对方并积极沟通，寻求解决方法，这才是齐头并进的婚姻关系。

3. 求同存异，容忍分歧

任何一种关系都不可能永远和谐不吵架，在婚姻中，夫妻双方要适度容忍对方的缺点，面对分歧时尽量追求和平有效的解决方式，理性对待，不盲目做出带有极端情感倾向的抉择。

4. 权利义务平等

新型婚姻关系与传统封建婚姻的不同之处在于，男女双方享有较为平等的权利和义务，女性不再处于依附于男性的地位，男性“唯一经济来源”的地位也不复存在。双方在家庭的财政事物和琐事的处理等方面能够诚恳相商、平权处理，是现代良性夫妻关系的象征。

保持良好的夫妻关系

二、保持良好的夫妻关系

（一）如何保持良好的夫妻关系

1. 感情基础与情感表达

（1）感情基础。没有爱的婚姻是不会健康，更不会长久的。良好的感情基础是夫妻双方在生活中遇到问题时有效沟通的前提。以金钱、繁衍甚至结婚本身为目的的婚姻都会给夫妻关系带来极大的压力。

（2）情感表达。适当的情感表达在夫妻关系中是必要的，要让对方了解到你的真实情感，坦诚相对。对于对方的缺点和错误不要紧抓着不放，双方都要学会宽容。另外，生活中的情感积淀很重要，有些夫妻可能因为结婚时间长就不再制造浪漫，其实这种想法大错特错。

2. 建立夫妻联盟关系

（1）私密性。人们所期盼的夫妻之间的良性关系，是人际关系中最私密、最长远、最独特的一种。这就要求夫妻二人最好能够建立起自己的私密联盟关系，不要时刻想着向自己的父母或好友抱怨对方的不是。独属于夫妻之间的私房话可以增进两人之间的情感交流，拉近两人的心理距离。夫妻二人在原则性问题上秉持共同的底线，也就能够免除许多外界带来的困扰。

（2）独立性。这种联盟并不是要求双方事无巨细都要相互交流，相反，独立的空间也是夫妻双方所必须拥有的，如何平衡二者之间的关系，才是夫妻双方最需要考量的问题。

3. 合适的夫妻角色分工

夫妻之间的角色分工是十分重要的，家庭单元中的这种分工有助于家庭成员认清自己的职责所在，从而更好地履行责任，让分歧和争议最小化。对于家庭事务和社会事务的处理，如果分工不合理、没有达成一致的话就会产生无休止的争吵，急于修补责任不明确而带来的漏洞。

4. 良性的交流沟通

家庭单元中良性的交流沟通要求夫妻双方能够采取和平、正确的方法交流信息，了解并掌握对方的想法和意图。

夫妻间不妥当的沟通方式有以下几种：

（1）忽略沟通。有时自以为对方会理解所以忽略了沟通，而这往往会让对方产生不必要的误会。

（2）不必沟通。大多数夫妻间都会有这样一种观念——老夫老妻很多事情没有必要沟通了，长此以往不仅仅会造成情感交流的障碍，还会产生倦怠情绪。

（3）谎言。夫妻间的谎言会严重影响夫妻关系的和谐。

5. 和谐的性生活

夫妻关系产生问题的一个重要诱因就是性生活不和谐。性在夫妻关系中具有关键作用，也可以说是情感交流的一个枢纽。进行和谐的性生活有助于构建坚实的夫妻关系。

（二）合理化解夫妻矛盾

1. 冷处理

“冷处理”不是搁置争议，而是要等到双方心态平和能够理智看待问题的时候再处理。否则大家都在气头上，什么话都说得出，什么事都做得出，非常不利于事情的解决。

2. 多倾听

要多听对方的观点，站在对方的角度考虑问题，不能只想着自己的要求有没有得到满足。

3. 不冲动

双方都应该做到心平气和、诚心正意，不要逞一时之快而说大话甚至动手，这样会造成难以弥补的裂痕。

4. 不揭短

很多人在争吵时喜欢揭对方的短处或反复提起过去的事情，用对方其他的错误来进行攻击，这也不是解决问题的好方法，反而会让矛盾激化。

5. 不动手

夫妻双方都不能以武力来解决问题，武力是家庭暴力。虽然我国目前关于家庭暴力的界定和惩治的法律尚未完善，但这种行为终究也是不符合人类道德准则的。

6. 多宽容

宽容不意味着忍让，而是要切身站在对方角度思考，该退一步就退一步，该进一步再进一步。如果对方确实有苦衷，努力去理解，即使自己受了委屈也不要一味责怪别人。

7. 不离家

不少女性在争吵之后都喜欢回娘家，而男性则会摔门出去找朋友倾诉。争吵后离家是非常不利于关系调和的，相反会让本就有矛盾的两个人站在更远的对立面上。

8. 不分居

分居造成的后果基本与离家一样，双方互不理睬的冷战行为对夫妻关系的弥合是有很大危害的。

9. 不记仇

夫妻之间的争吵是正常现象，但如果在争吵过后记仇的话就不正常了，也不利于夫妻关系的修复和发展。

10. 不轻易离婚

不轻易离婚并不是说在遇到不可调和的矛盾时一味忍让，而是不要在事情真相没有揭开，双方情绪十分激动、无法冷静的情况下，因为一时的口舌之快而离婚。只有触及了底线真的无法弥合，才能走到这一步。婚姻关系的破裂对于两个人而言都是伤害，如果因为爱走到一起，那么就不要草率地分开。

主题六

老年人与家庭

导语

人类老龄化已成全球问题

人类老龄化是21世纪主要的社会现象之一，是全球关注的严峻问题。按照国际通行的划分标准，当一个国家或地区65岁及以上人口占比超过7%时，意味着进入老龄化；达到14%，为深度老龄化；超过20%，则进入超老龄化社会。

2005年，为了更好地促进积极老龄化的实现，世界卫生组织在全球33个城市启动了老年友好城市项目，首次提出了“age-friendly city”（老年友好城市），并在许多政府政策文件中使用了术语“age-friendly community”（老年友好社区）。世界卫生组织对老年友好社区的定义是：“通过提供健康护理、社会参与和安全服务来提高老年人生活质量，并鼓励实现积极老龄化的社区。”早在2000年，美国退休者协会（American Association of Retired Persons，AARP）就提出了老年友好社区的定义：包含了可支付得起的适宜住房，完善的社区功能及服务，以及多样化的交通方式选择等内容的社区。

“老吾老以及人之老”，在全社会都关注老龄化的今天，从家庭的视角，应该如何去关注和关怀老年群体呢？

同学们好！接下来我们开始学习与家庭紧密相关的内容——老年人。

一般来说，每个人都有步入老年的时候，每个家庭都会面临赡养老人的问题，老年人是社会和家庭的重要组成部分。面对全球老龄化的现状，我们应该更好地去认识老年群体，了解他们的需求，识别家庭中老年人的问题，以建立良好的家庭氛围。让我们一起来认真学习吧！

请大家在本主题学材的指引下，观看每个知识点的微课，加深对理论知识的理解，并在规定时间内完成本主题作业。只有全部完成上述各项内容，你才算完成了本主题学习任务。

学习目标

知识目标

学习完本主题内容后，你将能够：

- 列举老年人的常见需求；
- 解释老龄化和老年人的界定；
- 列举老龄化经典理论，并解释其内涵；

- 判断老年人面临的问题类型，并结合实际给出应对方法。

思政目标

- 关注我国老龄化的基本国情；
- 认识与尊重老年人的多元需求和特点；
- 树立积极老龄观。

接下来让我们一步步深入理解本主题的学习内容。首先，我们来熟悉一下本主题内容的整体框架。

思维导图

以下是本主题内容的整体框架以及学习这部分内容的思维过程规划。此图可以帮助你从整体上了解本主题内容的知识结构和学习路径，包括老年人的需求类型、老龄化理论、家庭中老年人所面临的问题。请你仔细品读和理解，帮助自己建立对本部分知识的整体印象。

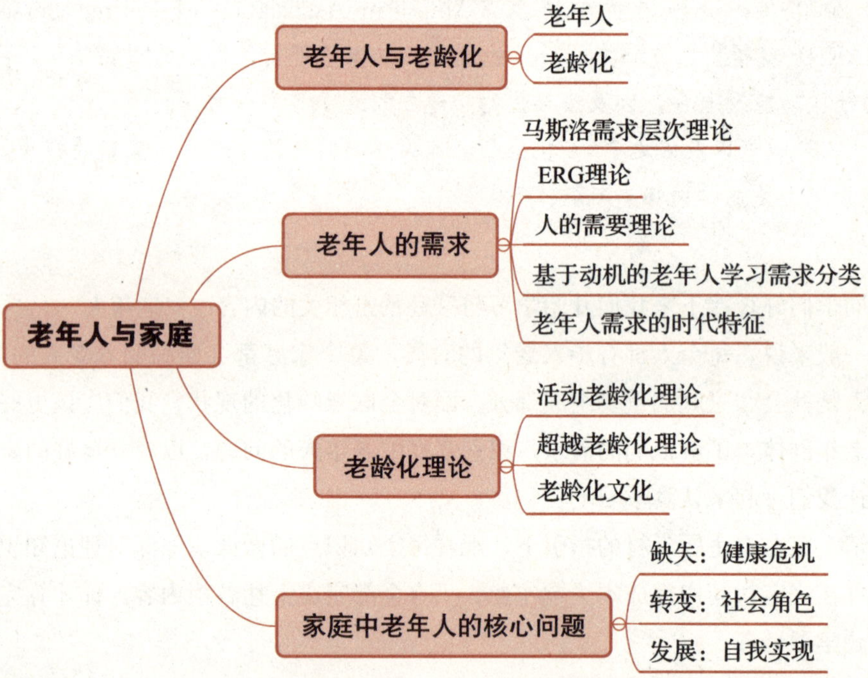

看完上面的思维导图后，你是否已经对本主题所要学习的内容以及如何学习这些内容有一个初步的整体印象了呢？接下来，我们在这个整体框架的指引下来逐一学习每个知识点的具体内容。我们需要重点学习老年人的需求理论和老龄化理论，了解老年人可能面临的问题。同时，在学完这些的基础上，要试着将它们与现实生活进行对接和思考，这样可以帮助你更好地内化所学知识点。

知识点一 老年人与老龄化

老年人与老龄化

学前思考

联合国发布的《2019年世界人口展望》（The 2019 Revision of World Population Prospects）显示，全球人口结构继续老化，2019年全球65岁及以上老年人口约为7亿，预计到2050年，全球65岁以上老人占比将由11%上升到16%。这意味着，2019年，全球人口每9个人中有1个人是65岁以上的老人，到2050年，每6个人中就有1个人是65岁以上的老人；在欧洲和北美洲，每4个人中将有1个人年龄在65岁或以上。

中国于1999年开始步入老龄化社会。近年来我国老年人口数量将逐年增多。据国家统计局数据，截至2020年底，我国60周岁及以上人口有2.64亿人，占总人口的18.7%。预计2025年我国老年人口数量将增至3亿人，预计到2053年我国老年人口数将达到峰值4.87亿，占到总人口的34.9%（吴玉韶，2018）。至21世纪末，人口老龄化将会经历以下四个阶段：轻度老龄化（老年人口占总人口的10%～19%）、中度老龄化（老年人口占总人口的20%～29%）、重度老龄化（老年人口占总人口的30%以上）、稳态重度老龄化（人口老龄化水平始终稳定在总人口的1/3上下）。2020年我国65岁及以上老年人口比例达13.5%，即将步入深度老龄化，预计2040年我国65岁及以上老年人口比例将超过20%，进入超老龄化社会。与世界其他国家相比，我国老龄化形势更加严峻，主要表现为：速度最快、老龄人口基数最大、老年人赡养任务最重。

面对人口老龄化产生的各种问题，社会、家庭应该从哪些方面去应对呢？

一、老年人

“老年”，又称“高龄”“乐龄”“银发族”“第三年龄”等。现代社会，由于人口预期寿命的高低不同，社会经济文化发展存在差异，不同国家对老年人的定义也是不同的，但最普遍最常见的是以年龄作为界定的标准，不同地方或文件的规定略有差异。大部分发展中国家是以年满60岁为标准来划分老年人口的（根据我国《老年人权益保障法》第2条规定，老年人的年龄起点是60周岁），发达国家则以年满65岁为标准划分老年人口。国际上通常的做法是以60岁或65岁作为老年人年龄的划分标准。联合国1956年出版的《人口老龄化及其社会经济影响》一书中首次将65岁作为老年人口的划分标准，将7%的老年人口比例值作为老龄化社会的指标。美国图书馆协会（ALA）、加拿大图书馆协会（CLA）、澳大利亚图书馆与信息协会（ALIA）分别采用了 55 岁、60 岁、65 岁作为起点，国际图联（IFLA）采用国际卫生组织（WHO）的定义，同时采用 65 岁和 80 岁两个起点。

经济学意义上的老年人口界定则不以年龄为标准，而是以一个人是否具备通过劳动获取经济报酬的能力来区分是否为老年人。例如一个人虽然年龄很大，但是他具有经济能力，具有劳动能力，那么就不能称为经济老年人；反之，如果一个人在实际年龄上未达到国家法定的老年人年龄标准，但是由于某种原因身体出现了问题，劳动能力降低甚至没有劳动能力，那么他就会被列为经济老年人。经济老年人概念的提出对本研究如何界定老年人有重要的借鉴意义。研究教育养老，其目的之一在于促进老年人养老质量的改善。一般认为，人只有不再劳动，从生产者转变为消费者，才能放下一切事务，成为乐龄人士，开始享受养老生活。老年教育服务的涵盖对象不能仅以年龄作为评判标准，而经济学意义上的老年人与本研究关注的研究对象有很大的相似性。因此，为了研究对象确定的可操作性，本书在界定教育养老中涉及的老年人以及需求调研的对象时，也需要参考经济学意义上的老年人标准。

拉斯莱特（Laslett，1989）基于爱利克·埃里克森（Erik Erikson，1950，1968）的研究思路，构建了人类生命四阶段模型，它关注不同阶段人们所具备的能力而非缺陷，体现了积极的衰老观。第一阶段为早期社会化时代，儿童和青少年依赖于他们的父母或其他有爱心的人。第二阶段是成年后工作阶段。这个阶段的人们承担社会和工作责任，建立独立于他们之前的照顾者的生活。第三阶段是更自由的阶段，不受抚养孩子和全职工作等的约束，是完全自主的阶段，个人有机会在他们多年的知识基础上进一步发展体验和提高个人能力。它也被视为一个注重自我实现的阶段。第四阶段是生命的结束或完成阶段，一个人再次依赖他人的照顾直至死亡。拉斯莱特（1989）最初将第三年龄阶段界定为 60 岁或 65 岁以上的人，但有研究者将其扩展到 50 岁以上的人（Boulton-Lewis，2010；Glendenning，2001）。

二、老龄化

人口老龄化，是指在总体人口年龄结构中老年人口比例增大的一种趋势。世界卫生组织将“老龄化”描述为人在生理、心理和社会结构方面的逐渐变化过程。这是由人口生育率和死亡率下降以及平均预期寿命延长引起的，是生产力发展、生活条件改善和社会文明进步，以及人口再生产正常运行的结果，应视为人类社会进步的成就之一。国际上通用的老龄化标准是当 60 岁及以上老年人口或 65 岁及以上老年人口占总人口的比例达到 10%或 7%时，标志着这个国家已是老年型国家。有历史资料显示，法国 1865 年、瑞典 1890 年、德国 1910 年、英国 1930 年就达到了这个标准。我国于 1999 年成为老年型国家。

人口学研究者普遍认为，人口死亡率和生育率的共同下降是导致一个国家或地区人口老龄化的关键因素。联合国 1956 年出版的《人口老龄化及其社会经济影响》中分析了稳定人口的构成，考察了生育率对年龄构成的影响，结论是：具有相同死亡率、不同生育率的稳定人口的年龄结构之间的差异，大于具有相同生育率、不同死亡率的稳定人口的年龄结构之间的差异。联合国 1973 年再版的《人口趋势的决定因素和后果》中强调人口生育率下降是导致人口老龄化的最大因素，如果生育率下降缓慢，则人口老龄化不会很快。人口学家 A. 柯尔将人口出生率下降带来的老龄化形象地称为“从金字塔底部的老龄化”。也就是说，出生率长期下降是导致人口老龄化的关键因素。

人们对老龄化的认识经历了从“消极老龄化”到“积极老龄化”的转变。1997 年，在丹佛召开的七国集团峰会首次提出“积极老龄化”的概念。1999 年，欧盟召开“积极老龄化”国际会议，从理论上探讨积极老龄化问题及其解决路径。2002 年，世界卫生组织出版《积极老龄化：从论证到行动》一书，进一步界定了“积极老龄化”的内涵，即“人到老年时，为了提高生活质量，使健康、参与和保障的机会尽可能发挥至最大效应的过程”。除此之外，广受学界关注的还有“健康老龄化”“成功老龄化”等理念。老龄化的内涵逐渐丰富起来，这意味着社会及研究领域不仅关注老年人的身体健康，更关注老年人在社会、经济、文化、精神等领域的积极参与。

知识点二　老年人的需求

老年人的需求

学前思考

国家十部委于 1994 年联合印发《中国老龄工作七年发展纲要（1994—2000 年）》，提出要实现“老有所养、老有所医、老有所为、老有所学、老有所乐”。社会各界致力于为老年人的幸福晚年生活提供全方位、多层次的服务。

除了健康生活的基础需求之外，老年人也有追求丰富精神生活、实现自我发展和自我价值的高层次需求。

通过本知识点的学习，请你从需求的分析视角思考，现阶段我国老年群体的核心需求是什么呢？

一、马斯洛需求层次理论

在微观层面的需求研究中，使用最为普遍的是亚伯拉罕·马斯洛的需求层次理论（Maslow’s hierarchy of needs）。在 1943 年发表的《人的动机理论》中，他提出了人的需求中普遍存在的五种需求层次；1976 年，他又将“自我实现”需求细分为“知、美和自我实现”需求，形成七种层次（见图 6-1）。

传统五层次的需求划分，既体现了需求作为一种“动机”出现的顺序，也体现了人类从生物性到社会性的需求等级序列。一方面，从需求“动机”的产生顺序来说，遵循着由生理需求向自我实现需求的刚性序列。另一方面，在各需求层次之间又存在从低级需求向高级需求的衍生，其中生理和安全需求属于人的初级需求，爱/归属需求和尊重需求属于中级需求，自我实现需求则为最高等级的需求；而在七种层次划分中，又将低级和中级需求层次共同理解为“基本需求”，“知、美和自我实现”需求则被视为“成长需求”。

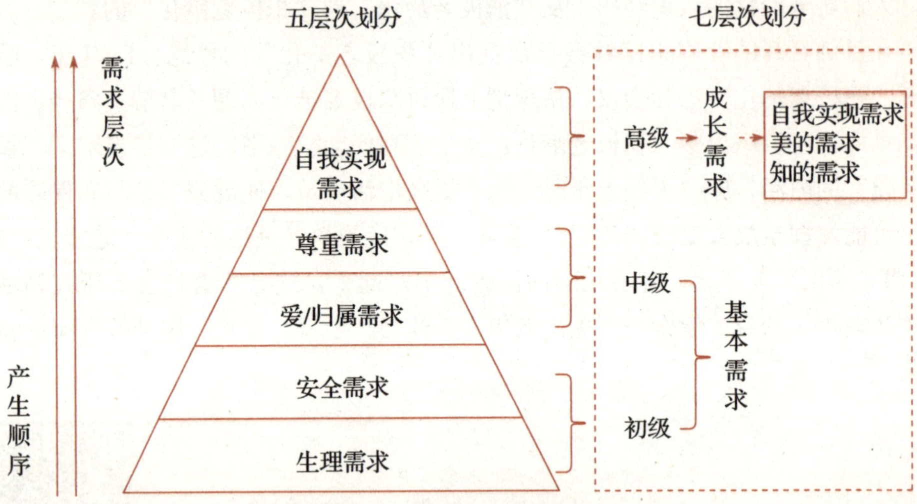

图 6-1 马斯洛需求层次

在需求层次的顺序性和等级性特征的基础上，需求层次理论认为：“只有当低等级需求获得满足后，才会按顺序产生较高层次的需求。”在各需求层次中，生理需求（physiological needs）是人的生物性的生存型动机决定的，是出现最早和最基本的需求，如对呼吸、水和食物的需求等；安全需求（safety needs）是在生理需求基础上产生的对自身和外部安全性的需求，包括个人身体的健康安全、家庭与外部环境安全保障的诉求；爱和归属需求（love and belonging needs）是生存性需求保障基础上的情感性需求，也是从生物性向社会性需求转化的节点，包括血缘、社会关系的认同性需要；尊重需求（esteem needs）是较高层次的需求，是人对独立的社会角色所包含的自尊、声望以及社会地位等的诉求；自我实现（self-actualization）是最高层次的需求，是赋予社会角色后由人的能动性所决定并产生的一种衍生性需求，如潜能的发挥与自我价值的实现等诉求。

二、ERG 理论

ERG 理论是在 20 世纪 60 年代由克雷顿·奥德弗（Alderfer）提出的，他试图通过需求层次理论与实证研究的结合去解决马斯洛理论中的不足之处。在需求的划分上，奥德弗划分了三种人类的普遍需求，即生存需求（existence needs，E）、关系需求（relatedness needs，R）和成长需求（growth needs，G）。

作为马斯洛需求层次理论的延伸，ERG 理论关于三种需求层次的划分，与前者具有较为密切的关系（见图 6－2）。具体来说，首先，生存需求包括各种形式的安全、生理和物质的需求。安全需求主要是指焦虑、威胁、危险、紧张等方面的预防。生理需求指的是个体在活力水平上追求的满足，如休闲、锻炼、睡眠。物质需求指的是个人生活所需的资源，包括食物和衣服。其次，关系需求包括安全感、归属感和尊重感。安全感涉及人类的相互信任。归属感可以预防各种形式的痛苦，如隔离、孤独等。归属感需求是指得到他人的爱或关怀。尊重感是指受到他人的尊重，比如受欢迎程度、社会地位、优越感、重要性和赞美等，使人们对自己的存在有价值感。最后，成长需求包括自尊和自我实现。自尊指的是自我能力和自我喜爱程度，比如追求、寻求知识、实现、控制、建立自信、独立和感觉胜任的能力；自我实现是指自我成就，包括实现个人目标和发展自己的个性，以及实现潜能和支持他人成长的能力。

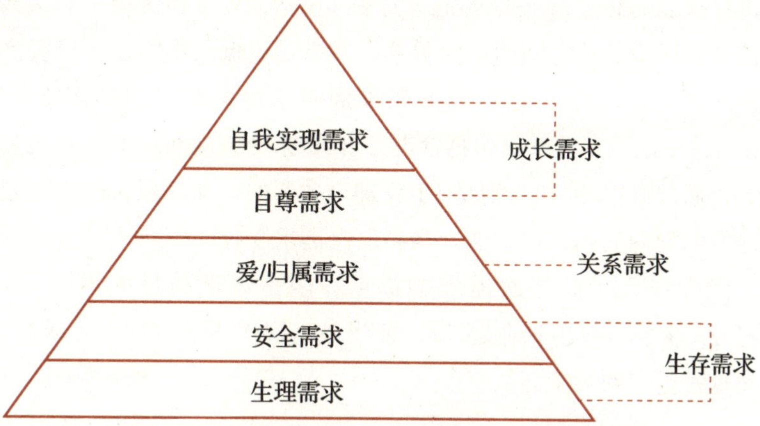

图 6－2　需求层次理论与 ERG 理论的需求划分关系

与马斯洛需求层次理论不同，ERG 理论在各层次关系的解读中，认为存在“多向度”的相互转化形态，并提出基于“受挫-满足”维度的七个命题（见图 6－3）。第一，生存需求未能满足，将会产生更大的欲望和诉求（p1）；第二，关系需求未能满足，将会产生更多对生存需求的欲望（p2）；第三，生存需求能够得到满足，将会产生更多对关系需求的欲望（p3）；第四，关系需求未被满足，将会强化对此项需求的欲望（p4）；第五，成长需求未能满足，将会激发对关系需求的欲望（p5）；第六，关系需求被满足，会激发更多对成长需求的欲望（p6）；第七，成长需求被满足，将会强化对此项需求的欲望（p7）。

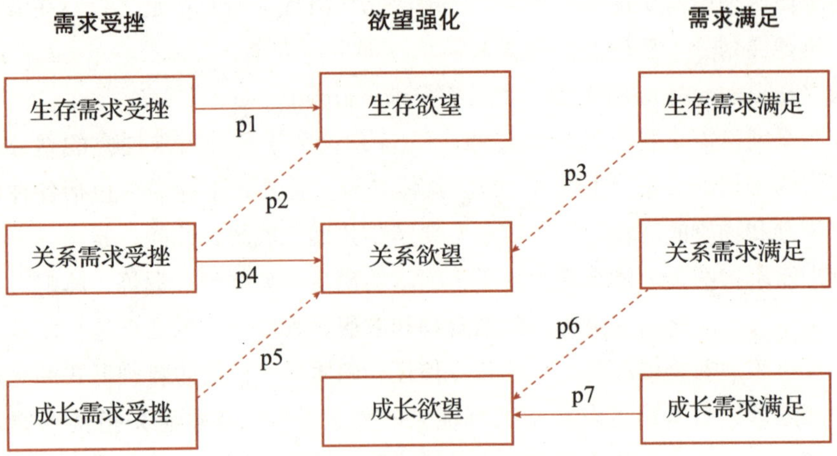

图 6-3 ERG 理论中需求满足与欲望之间的关系

上述七个命题，可概括为四种需求与欲望关系类型：一是简单的受挫（simple frustration）关系（包括命题 1 和命题 4），表现为同等需求层次的满足与欲望之间的反向关系，即特定的需求未能得到满足，将会强化对此类需求的渴望程度。二是需求的演进（satisfaction progression）关系（包括命题 3 和命题 6），表现为低层次需求的满足与高层次需求之间的正向关系，即满足了低层次需求，就会产生向高层次需求演进的倾向，从而强化了对更高级别需求的渴望。三是需求的受挫回归（frustration regression）关系（包括命题 2 和命题 5）。前两类关系与马斯洛需求层次理论有关，而“受挫-回归”则是 ERG 理论独有的，即高层次需求满足与低层次需求欲望之间的反向关系，换言之，当高层次需求受挫时，个人将会寻求低层次需求的满足，因此强化了低层次需求的欲望。四是需求满足的强化（satisfaction strengthening）关系（仅包括命题 7），即当最高层次需求（成长需求）得到满足，将会强化对这种需求的欲望。

三、人的需要理论

多伊和高夫提出的人的需要理论（theory of human needs）是近年来在人的需求和社会政策领域较有影响的研究成果之一。不同于以往仅聚焦于微观需求的研究，人的需要理论是在整个社会福利政策框架内探讨个人与社会的需求与满足问题。同时，人的需要理论旨在解决以往对“需要”的定义和认识方面的混淆，以及不同学派之间存在的歧义，通过对“需要（need）”和“想要（want）”两种需求形态的区分，分析社会福利政策制定中如何识别基本需要的标准、个人与社会层面的基本需要以及如何反映基本需要的内容（基本需要的衡量指标）。

人的需要理论认为，为了保证对“需要”的界定具有社会与文化无涉性，将人的基本“需要”视为“对个人追求自己认为有价值的目标时所受到的严重伤害的避免”，即达到何种目标才能避免这种伤害。“客观性”体现在“标准”能避免个人偏好的影响；“普遍性”也就意味着“严重伤害”对于任何人而言均具有相同含义，即从根本上丧失追求自身美好愿景（vision of the good）的能力。在此基础上，人的需要理论依据人的生物性与社会性特征，从达到或维持人的存活与自主性出发，对个体层面的基本需要进行划分。

个人层面的基本需要包括“生存-健康”和“自主-学习”，主要指向人类的自由的普遍的最优需要。社会层面的基本需要包括“生产”“繁衍”“文化-传播”“政治权利”四个方面，指向宪法和人类自由的外部环境。而在个人与社会需要的关系上，社会需要既是社会得以存在的基本条件和个人基本需要得以实现的社会前提，也是人类解放的先决条件。

在基本需要的满足上，人的需要理论提出了“最优化标准”。在个人需要中，最优的基本需要满足水平包括高、低两种类型：低水平的需要满足在于减少个人社会参与中所受到的约束，并具备对目标选择与实现路径的认知，这也就是强调“学习”需要的原因所在；高水平的满足更是进一步强调对于文化知识的学习，以及获得实现目标的关键技能和政治自主，进而深入了对于社会需要的理论探讨。

人的需要理论将“策略性”的需要引入对“目标性”需要的衡量中，认为“为实现普遍的目标性需要的策略性需要也是具有普遍性的”，并称之为“中间需要”。中间需要的满足在于实现基本需要的最优化。但是，“最优化”并不等同于“最大化”，过度的中间需要满足将会造成基本需要满足产出的下降。“基本需要”意味着保证目标实现过程中最低的生存与自主能力水平，而中间需要的满足也正是为了这种最低水平需要的满足。因此，在中间需要与基本需要满足之间存在着最低投入水平的最优（minimum optimum）。

四、基于动机的老年人学习需求分类

动机通常指推动人做出某种行为的“内心打算”或推动个体活动达到一定目的的“内部动力”。个体学习动机是产生于学习需求的另外一类重要研究对象，具有一定的复杂性、多变性和潜在性。成人学习理论（Knowles，1984）强调，动机是成年人参与学习活动的重要因素，其中内部动机比外部动机更有推动力。因而在教育项目设计和开发时，很多研究都要考虑项目对老年人内在和外在的回报，要充分了解他们参与学习的动机（Merriam，et al.，2007）。

（一）霍尔三类型说

霍尔（Houle，1961）开启了动机取向研究的先河，提出了成人学习动机模型。通过访谈，根据学习需求、共同学习目的、特定学习目标、不同行业人员适用的学习与教学方法等因素，霍尔确定了成人学习者的三类动机：目标导向、活动导向、学习导向。

以目标为导向的成年人把教育作为实现目标的一种手段，例如参加课程学习以获得一份更好的工作。以活动为导向的成年人从事学习的社会原因与活动的目的或内容无关。以学习为导向的成年人追求的是知识本身。

霍尔（1984）认为成人在生命的各个阶段中均有意参与数种不同内容、不同方式的学习活动，这些学习活动往往能与生活经验相融合，进而形成数种不同的学习模式。专业人员参与继续教育的目的不仅在于吸收新的专业知识，更重要的是满足自我成长的需求。霍尔还对影响成人参与学习的政策与结构因素进行了研究，将成人学习者分成了六个等级：被遗忘者、不投入者、抗拒者、仅参与某一项课程者、折中式参与者、广泛学习者。

霍尔的类型学因其样本少（$n=22$）以及将参与动机局限于三个方向而受到批评。但霍尔的工作为成人参与学习的进一步研究铺平了道路。

（二）谢菲尔德五类型说

谢菲尔德（Sheffield，1964）列出了 58 个参与教育的原因，并开发了一种工具来衡量成年人的学习取向。通过对问卷的因子分析，他提出了成年人学习取向的五种类型：（1）学习取向；（2）期待-活动取向；（3）个人目标取向；（4）社会目标取向；（5）需求-活动取向。

（三）布歇尔六类型说

布歇尔（Boshier，1971）试图在新西兰的背景下阐述和检验霍尔的动机类型。他利用教育参与量表（EPS），研究与成人参与教育相关的动机因素。随后通过对量表的改进，形成针对 7 个因子共 42 个因素的调研，形成六类型说，包括：社交接触型、社会刺激型、职业进展型、社会服务型、外界期望型和认知兴趣型。其中，老年人的参与决定受认知兴趣和社交接触的影响最大，而社会刺激和社会服务则影响不大。

（四）麦克拉斯基五分类

这种研究范式下形成的理论框架有很多，其中最著名的是美国成人教育学家麦克拉斯基（McClusky，1973）从他的余力理论中衍生出来的五种类别。

（1）应对需求。它与老年人掌控生活的能力有关，即能控制自己的生计、生活条件等，包括最低限度的识字率和自给自足水平（健康、经济、家庭与闲暇等）。如果这些需求得不到满足，就没有多余的能量来满足更高的需求。应对需求“必须得到满足，才能保持足够的社会适应、心理健康和身体健康”。

（2）表现性需求。这是为了自身利益而进行的活动。通常每个人都需要时间来进行一些意愿表达的活动，例如“为了活动带来的乐趣而参与活动的需求”。

（3）贡献性需求。大多数人都有为他人服务的愿望，在满足自我或应对需求之外利用多余的精力来服务社会。贡献性需求与利他欲望、促进共同利益、给予他人时间和关爱有关。老年教育为老年人提供了这样一个机会，能够满足老年人的贡献性需求，提升老年人为社会和他人服务的能力。老年人是智慧和经验的宝库，社会需要他们，但现在尚未利用好这个丰富的资源。

(4) 影响力需求。即使是老年人，也有通过自己的能力影响社会进而使社会或周围环境发生有意义的改变的需求。老年教育使得老年人能够在保护和改善自己的处境以及为社会的福祉做出贡献方面发挥影响。对政治技巧和智慧的渴望，可以通过剩余精力和资源来满足。这种需求实际上是影响生活方向和质量的需求。

(5) 超越需求。每个人都有将生命的意义作为一套与个人生活阅历相关的价值观和信念体系来被分析的需求，以更深入地了解生命的价值，学会平衡（生活）负担和能量。这种需求很可能作为另一种需求满足的副产品而得到满足。

这五种类别框架为指导教育实践提供了有用的层次结构，目前许多老年教育项目的制定都是为了满足老年人的应对和表现需要，很少有方案是针对老年人更大的自主或提高他们的政治意识的。霍华德认为不同的老年人有不同的教育需求，他将满足老年人基本的读写能力和表达意愿的需求作为较低层次的生存需求，而将其服务他人、发挥政治智慧和担当社会重任的需求作为较高层次的发展需求。

(五) 老年人学习需求二分法

老年人的学习需求也可分为工具性需求和表现性需求。这个想法最初来源于帕森斯（Parsons，1951）的《人类行为的社会系统理论》，由此引出了美国教育心理学家赫威斯（Havighurt，1964）关于老年人学习需求的二分法的观点。

梅里亚姆和拉姆斯登（Merriam & Lumsden，1985）解释如下：工具性需求是“对学习行为之外的目标的需求”，表现性需求是“对学习行为内的目标的需求”。换句话说，工具性学习的目的在学习本身之外，而表现性学习的目的是学习本身。阅读、写作和使用电脑是工具性学习需求的例子，绘画、唱歌和制陶是表现性学习需求的例子。

希米恩特拉根据这种人类学习需求的二分法指出，老年人倾向于从工具性需求的角度来选择学习活动（Hiemstra，1973）。伦蒂那还说“工具性学习活动可以满足老年人生存和成长的需要”（Londoner，1985）。虽然许多研究表明了老年人工具性学习需求的重要性，但一些研究报告指出满足老年人的表现性学习需求更加重要。例如，彼得森指出老年人更喜欢表现性活动（Peterson，1983）。

五、老年人需求的时代特征

老年人作为年龄跨度达几十年的群体，经历过较长的时代周期，不同年代出生的人们会形成不同的世代，受到所处时代社会经济、福利制度、教育水平等多重因素的影响，其学习经历和习惯呈现出特定的时代特征。

虽然我国与发达国家相比，老年群体的关注和研究都相对滞后，但发展的阶段和基本逻辑相似，以历史时间线为脉，可以看到，这是一个老龄化理论逐步适应时代要求的过程，也是老年人需求从被忽视到被了解、重视和探究的过程。

（一）需求萌芽期：休闲娱乐

国外老年教育最初是以社会福利的形式出现的，老年群体以一种社会弱势的、消极的形象出现在教育体制中。在社会福利系统逐渐满足老年人居住、生存等基本的生活需求之后，学习的需求才逐渐成为大家关注的内容。

成人教育学家克罗斯（Cross）从人口老龄化的宏观视角指出："学习以前被降任于年轻人，工作是成年人的重点，休闲是达到老年的回报。"丹麦成人教育家格龙维（Grundtivg）认为，老年教育的宗旨表现为以教育为路径，使老年人找到生活的精神支柱，从而获得一种既充实又有质量的晚年生活，避免因年龄、体力、精力等方面的衰老而产生失落和寂寞的感觉。我国学者董之鹰（2009）也提到过类似的观点：现代老年的休闲文化教育是一种生活方式。在老年教育研究的早期，老年教育被普遍认为是快乐教育、休闲教育以及一种养老的方式，教育的目的在于填补老年人退休后的时间空闲，以及解决老年人由于日渐"边缘化"而产生的孤独、寂寞、郁闷、消沉、无聊等消极甚至是痛苦的情绪（陈春勉，2016）。

国外一些第三龄大学被更名为"休闲大学"（University of Leisure Time）。它们在设计学习活动时并没有遵循教学大纲，而是根据老年人的兴趣来安排的（Formosa，2014）。新中国成立以来很长一段时间内，我国老年教育就等同于老年大学。老年大学只招收离退休干部，成为老干部退休后休闲娱乐、发挥余热的场所。国家将老龄问题视为社会问题，在老龄事业发展的诸多政策文本中习惯于把"老年教育"放在"精神文化生活"板块。这是由特定时代背景及当时社会所具有的办学条件决定的。

（二）需求普惠期：健康、参与、保障

老龄化的加剧和教育公平意识的增强催生了老年人接受教育的权利意识和需求动机。老年大学的特殊功能开始被弱化，招收对象中的普通老年人逐渐增多。很多养老机构、社区开始将教育服务纳入养老服务，老年学习者的需求逐渐受到重视。老年学习者需求的理念随着"老龄化理念"的日益成熟逐渐凸显。

约翰和凯恩（Rowe & Kahn，1987）发表了《人的老龄化：普通与成功》一文，认为"成功老龄化"是多维度的，包括避免疾病和残疾，维持高水平的身体机能和认知功能，以及持续参与社会和生产活动。1987 年，世界卫生大会上首次提出"健康老龄化"的概念。1990 年，哥本哈根举办的世界卫生组织老龄问题大会进一步将"健康老龄化"作为应对人口老龄化的发展战略之一。至此，"健康老龄化"将对老龄问题的研究引入老年身心健康及提高其晚年生命质量的范畴之内。

20 世纪末积极心理学的盛行，推动了老龄研究向"积极老龄化"方向的发展。2002 年，世界卫生组织将"积极老龄化"定义为：通过最大限度地优化老年人获

取健康、参与和保障机会的过程，来提高其生活质量。同年，在西班牙马德里召开的第二届世界老龄大会上，“积极老龄化”被写入行动纲领，并通过了《马德里政治宣言》《老龄问题国际行动计划》，旨在呼吁全世界及各个国际组织从“健康”“参与”“保障”三个方面行动起来，为老年人的健康和福祉建立一个支持性的“老年友好社会”，以确保所有人在晚年能够有保障、有尊严地享受其应有的权利。

世界卫生组织基于“积极老龄化”的“健康”“参与”“保障”三大维度，设计出了六大指标体系用于具体测量，并以此作为积极老龄化政策框架的支柱。六大指标体系包括：健康和社会服务、个人行为、个人身心、物理环境、社会、经济（WHO，2002）。基于“健康”“参与”“保障”三个维度，世界卫生组织归纳出了“积极老龄化”的九个核心方向，具体参见表 6－1。

表 6－1 “积极老龄化”的核心方向

维度	核心方向
健康	预防和减轻重度残疾、慢性疾病和过早死亡的负担
	减少与重大疾病相关的风险因素，增加健康保护因素
	构建一个可持续发展、可接受、高质量、老年友好的社会健康服务体系，以满足全社会成员年老时的权利和需求
	向照护者提供培训和教育
参与	提供全生命周期的教育和学习机会
	让人们认识到并促使其在年老时根据个人需要、偏好和能力积极参与到经济活动、正式和非正式的工作以及志愿活动中
	鼓励老年人全面参与家庭及社区生活
保障	通过社会、经济和人身安全等方式，确保老年人照护、安全和尊严的权益与需求得到满足
	减少老年女性在社会权益和需求中的不平等

从有关老龄化的理念发展及演变过程中，我们可以看出，老年群体不再以弱势的形象出现，在尊重老年人的人权的前提下，社会承认他们享有机会平等的权利，让老年人在保持身心健康的情况下，在包括社会、经济、文化、精神和公益事务在内的各个实践领域，参与所在社会的经济、社会、文化和政治生活。

澳大利亚学者吉莉安·M. 博尔顿-刘易斯等（2017）从操作层面把老年学习需求具体化为六个要素：（1）主动保持健康；（2）身体和精神活跃；（3）参与学习；（4）生活在安全的环境中；（5）参与工作；（6）积极参与家庭和社区生活。保持健康是老年人的首要需求。在拥有安全的生活环境和较为充足的物质条件后，很多老年人希望获得更多有关健康的信息和服务，以指导自己做出正确的健康决策。学习能够为老年人创造参与社会的条件。老年人希望能够使自己原有的知识技能得到保持，并获得新的知识与技能，“按照自己的需要、愿望和能力参与社会”，又能够“按照社会发展的需求，在经济、社会、文化和政治生活中充分发挥自己的技能、经验和智慧”。

随着老龄化理念的更新和成熟，社会为老年人生存和发展提供了多方位的服务，让老年人可以再次认识到自己的价值和权利。适度普惠的社会福利也让更多的老年人有机会通过学习的方式追求健康的生活、积极的社会参与，维护自己受教育的权利。

（三）需求多元期：自我发展

由于资源限制以及价值系统支持的导向性，现代社会形成了一种偏向年轻人而老年人被排斥在日常活动之外的结构形式，因而老年人的需求往往是社会赋予的有限供给的反映。但随着积极老龄化理念被越来越多人接受，社会资源越来越丰富以及各种社会保障制度的完善，老年人已经有条件将中年阶段的积极状态维持到老年阶段，充分展现了老年人本主义的思想。杜威指出：“教育的起点是社会要求，终点是人的发展。”老年群体受教育水平的提高，人们对老龄化的积极态度，以及社会各方面的支持，使人类对自身老龄化的反应开始由本能地抗拒转为对生命的理解与展望，老年群体开始关注自身获取高深知识的潜力以及满足自我发展需求的能力（Tomstam，2011）。

老年群体自我发展的意义是多元的。精神分析学派代表人物荣格认为，人的生命发展在心理上可分为两个阶段，其中下半阶段的任务是超越生理机能的视野，建立一种更高、更广的意识状态，并在这个状态中寻求自我的完美与和谐。发展心理学家埃里克森认为，在老年时期，老年人的人生任务是获得“智慧的发展”。老年人的智慧既是长期积淀下来的品质，也是老年人具有积极发展潜能的表现，以及老年人用以应对老年期生活中的各种挑战与问题之利器。老年人习得各种适应社会的知识、技能和能力，与现代科学技术的进步和社会发展保持一致的步伐，强化了“自给自足和在身体健康及社会关系方面的应对策略”，能够在任何时候、任何情况下或任何环境中有信心、有创造性、愉快地应用它们，使自己的生命质量和生活质量得以提高，使每一位老年人在学习的过程中发现生命的意义，寻找内心平衡，促进其自我接纳和完善。

我国在建设学习型社会的背景和倡导终身学习的理念下，老年教育强调以人为本。终身学习是包括老年人在内的成人应对知识社会的最重要的策略和手段。远程开放教育、老年大学、社区教育为老年人学习提供了方便有效的途径。人们通过学习的方式享受知识社会所带来的经济、文化、社会和教育等丰富的生活乐趣，体验各种生活情趣的变化，满足不同职业生活阶段的不同要求。这其中所产生的学习需求随着所处时代、所扮演角色、所处生活情境的变化而更加多元。

知识点三　老龄化理论

老龄化理论

学前思考

撤离理论认为，所有老年人都愿意脱离社会，老年人是弱势群体。

成功老龄化理论认为，老年群体的“成功”是多维度的，包括避免疾病和残疾，维持高水平的身体机能和认知功能，以及持续参与社会和生产活动。

积极老龄化理论呼吁全世界及各个国际组织从“健康”“参与”“保障”三个方面行动起来，为老年人的健康和福祉建立一个支持性的“老年友好社会”，以确保所有人在晚年能够有保障、有尊严地享受其应有的权利。

不同阶段的老龄化理论彰显了当时社会的综合指标（文化、经济、社会、教育多因素）。我国老年群体具有独特的民族和地域特征，同时又兼具时代特色，参考不同阶段的老龄化理论，结合中国老年群体特征，我们应该如何去认识老年人与老龄化呢？

老龄化理论是老年教育理论的重要基础，其内涵将直接影响到老年教育的具体实践活动，甚至可以将其视为老年教育阶段性的指导理论。不同阶段的老龄化理论适应了当时阶段社会和老龄群体的结构化需求。

一、活动老龄化理论

活动老龄化理论（activity theory of aging）又称为内隐老龄化理论（implicit theory of aging）、典型老龄化理论（normal theory of aging）或者常人老龄化理论。它认为个体活动水平和生活的自我满足之间存在正向关系。早在 1953 年，理论提出者哈维格斯特（Havighurst）和他的同事就做出了有关社会角色参与对于老年人群的积极影响的明确陈述。理论表明，活动与人类的斗志有关系，主动性越强的人在各个年龄段都表现出越高的幸福感，其涉及的核心概念有：活动、角色支持、自我概念、角色转变和生活自我满足。由于其深深植根于象征性互动理论（symbolic interactionist theory），所以，以上提及的这些概念都带有主客观交融的先前设定，其含义充分肯定了个体与他人互动关系的创生性作用。不同于撤离老龄化理论描述实然状态，活动老龄化理论在不考虑社会对老龄化的偏见和无知的前提下更多地关注社会的应然状态，继而超越现实，产生了一种对于老年群体而言全新的角色定位和认同。

受到活动老龄化理论的影响，新的老年教育理念得以产生，其具体内容为：同化，即到了退休年龄的个体的调整需求能通过将个体融入现有的主流教育单位里而实现；自我实现，即处于发展中的老年生活拥有了充裕的学习时间继而能够促进道德智力的成长；授权，即获得来自社会其他领域和老年群体的支持与拥护。这里的同化指在活动老龄化理论视角下，鼓励老年人群积极回归主流教育单位并参与到教育活动中（所谓的主流教育单位就是一般人群实现教育需求的主要单位）。理念提出初期，尚未出现目标人群完全是老年人群的教育组织。同时，老年人群接受教育政策的制定和颁布需要一定的调节期，如果大学或学院的教育资源因为老年群体而缩减或是出现资金问题，相关单位不一定会为老年群体提供学习机会。同时，活动老龄化会导致新角色的产生，根据象征性互动理论，老年人群在参与教育活动的互动过程中能够实现个体发展目标。无论是为了维持新角色还是为了提高自我满足感，老年个体在此过程中都能通过教育活动获得更深刻的提升。

二、超越老龄化理论

超越老龄化理论（gerotranscendence）由瑞典社会学家拉尔斯·托恩斯塔姆（Lars Tornstam）提出并加以发展，在 20 世纪 90 年代广泛出现于美国老年学杂志中。超越老龄化是发生在元视角的变化，其变化方向是从物享观和实用观转化成更重要并超越先前的观念，变化在早期成人时期已经开始，通常在老年时期达到峰值。而以往许多理论把“成功老龄化”等同于一种中年理想、活动和信念的现实的延续。该理论生成的时候受到了佛教禅宗的影响，在佛教禅宗的元视角下，主体存在和客体存在的差异消失，过去、现在与未来甚至可以同时进行。这让老年人群能把自己的审视维度扩大到不局限于目前肉体所在的位置，重新定义空间和时间、生命与死亡，重新定义自我和与他人的关系。人在生长，精神在生长，超越老龄化的过程一定也是终身而持续的。

受该理论的影响，老年教育开始为精神老龄化做准备。因为在精神和元视角层面上，老年教育的作用更内在，它关注老年学习者智慧的增长与知识技能教育的差别。智慧的增长不单单发生在课程内，涉及生活中所有高度整合的内容，还会从正式正规的老年教育延伸到非正式非正规的老年教育。然后，在理念上终身教育与终身学习发生了渗透并显得更鲜明，都具有对于生命长度和深度的考量，也是基于超越老龄化理论看待老龄化过程的基本逻辑。区别是超越老龄化是质变的，个体会经历“一种新的与宇宙灵魂的更大更强的对话”，年龄便是触发器，强调了老龄人群精神学习的特殊性。该理论还认为老龄人群与下一代会出现新的亲密关系。这种关系也为老年教育的发展提供了新的思考路径：代与代之间发生的学习。因为老年群体通过超越达到了新的发展高度，他们也许会对下一代产生新的精神上的帮助。老年人群在老年教育中开始发挥出作为教育资源的作用。老年教育对内出现了循环的痕迹，对外出现了开放的苗头。

三、老龄化文化

20 世纪初，英国学者克里斯·吉勒德（Chris Gilleard）和保罗·希格斯（Paul

Higgs）提出了老龄化文化（cultures of aging）理论。他们认为不存在一个普遍的、庞大的、单一的老龄化社会和社群。老龄化社会当中出现了许多子文化的团体，这些团体也许拥有原本自身的文化背景，也有可能在融合之后呈现出新的文化状态。他们还认为，年龄无法赋予普遍的社会身份。这意味着年龄的标签化作用产生了退化，老年学习者可以从原本的刻板印象中解放自己。

随后，老龄化文化的研究中又出现了一个重要概念以进一步区分老年人群，即第四年龄（the fourth age）。吉勒德和希格斯视其为社会想象（social imaginary），认为它包含了四个主要元素：衰弱（frailty）、落魄（abjection）、自导力流失（the loss of agency）和关爱（care）。曾有其他学者直接把第四年龄确定为 80 岁之后。无论如何，它都是指向由于生理和心理持续受到损伤而依赖性增强的一类老年人群，有的是因为自然衰老，有的是因为疾病等意外。研究的关注点锁定在了人在生命周期的最终端点可能会面临的问题上。

该理论将老年教育的主要影响总结为两点：一是文化背景层面上的多元化对于教育理念的要求更为深刻，所有的老年教育实践必须植根于特定团体。随着不同社会的人口交换增多，不再单纯是社会团体的学习需求是什么就给什么，而是为了持久性的发展，必须考量元维度上产生团体学习需求的原因，必须市场化地尊重和支持不同文化造就的不同老年学习群体。二是老年人群终端的老年教育需要反思。理论上，第四年龄段的老年人群还具备学习的可能性，但是学习的内容不再类似于以往具有一般成人认知能力的老年学习者的诉求。学习主体已经出现了客观损伤，此时，老年教育应该更倾向于治疗性和关爱性。教育情境由课堂化完全转变为生活化，教育内容偏向内隐化，教育实施的责任甚至转移到了护工的身上。例如，美国老年教育特别关注对于护理工人的培训以及为老年学习者提供起到预防作用的生命教育等。

知识点四　家庭中老年人的核心问题

家庭中老年人的核心问题

学前思考

随着城市化的发展与人们生活方式的改变，我国家庭结构发生了一系列变化，家庭离散程度加深，空巢老人的比例进一步增加。2000—2010 年，城镇空巢老人比例由 42%上升到 54%，农村由 37.9%上升到 45.6%。65 岁以上独居、空巢老人数量，将由目前的 5 000 万上升到 2050 年的近 2 亿。

独居在家的老年群体在日常生活照料“特别是精神赡养方面面临着巨大挑战”。由于长期独居或子女不在身边，在老年人需要家庭成员关心与照料的时候，家庭氛围缺失，空巢老人长期缺乏情感交流和情绪宣泄的出口，精神需求得不到满足。

老年群体面临着来自自身和外部环境带来的多重挑战。深入了解这些挑战是我们解决问题、更好服务老年群体的前提。通过本知识点的学习，希望你能够多角度、多方面地了解老年群体面临的危机与挑战。

对于老龄群体来说，他们所面临的共同问题主要是变化所带来的不适应，这些变化既包括年龄增长带来的健康危机，也包括社会角色转变带来的一系列变化。要想在老年阶段发展良好，就必须适应衰老和生活的变化（Ogunbameru & Asa，2008；Russell，2011）。

一、缺失：健康危机

健康不仅是一个医学概念，更是一个社会学概念。健康不仅包括身体机能与精神状态的完整与健全，而且包括社会适应能力和自我管理能力等社会层面的良好状态。世界卫生组织（2006）将健康定义为“不仅仅是没有疾病或虚弱，而是一种完整的身体、精神和社会福祉状态”。健康包括身体健康、心理健康和社会层面的健康（M. Huber，et al.，2011）。

由于年龄的增长，老年人的身体功能及认知功能都会出现生理性的衰退，导致多种慢性疾病及各类认知障碍，如思维减缓、记忆变差等，严重者会影响其日常生活、社交活动等。为了提高自身的健康水平，提高健康素养是一直提倡的积极养老理念。老年人的健康素养是指“个人获得、处理、理解所需基本健康信息和服务并做出正确健康决策的能力水平”。但据调查，绝大多数老年人并不具备较高水平的健康素养。

二、转变：社会角色

生命阶段理论认为角色转换伴随着人的一生，个体总是在不断适应角色的转换，以达到自我认同和发展的目的（Giele & Elder，1998）。到了老年阶段，老年人逐渐脱离原有的社会角色，如工作岗位中的角色，导致人际交往范围缩小，社会活动也相应减少，而仅仅维持与少部分人的交流。同时，也会增加其他方面的角色，比如在家庭中承担起照料孩子的职责，代际关系成为人际关系的重要内容。老年人如果不能适应这些角色的变化，就会产生心理社会危机，影响他们的主观幸福感。

成人教育学家麦兹罗（Jack Mezirow）在嬗变学习理论中很好地解释了这一问题产生的原因。成人在生活中常常会面临一些重大的突发事件，例如离婚、失业、家庭成员突然去世、孩子出生、退休等。这些生活变故与人们现存参照系里的观念存在巨大反差，使得人们无法再从自己的经验中寻求到合理解释。麦兹罗将这些激发事件称为“迷惘困境”（disorienting dilemmas）。一旦个人处于迷惘困境，往往会造成包括心理、身体在内的困扰。

对于老年人来说，造成“迷惘困境”的原因主要是退休等事件造成的社会角色减少和相应支持系统的缺乏。这会造成老年人一系列的心理问题，如孤独、抑郁症、心理焦虑等（Choi & Park，2009）。被社会边缘化的老年人的孤独感更大（Aylaz，et al.，2012）。世界卫生组织声称，老年人遭遇社会隔离已成为令人担忧的公共健康问题，是影响美国老年人精神健康的最大挑战（J. Lubben，M. Gironda，et al.，2015）。由于中国社会客观环境的变化和老年人自身的特征，中国老年人的社会关系网络状况正在发生改变（张文娟，刘瑞平，2016）。越来越多的证据表明，中国老年人的社会关系网络在缩小，社会隔离程度在增加（张硕，陈功，2015），这将带来更严重的老年人心理问题。

三、发展：自我实现

“教育的起点是社会要求，终点是人的发展。”人的充分、全面而自主的发展，是人的本性之一，也是人类社会的最高目标。虽然老年人面临着健康问题和社会角色的转变，但老年期跨度较大，低中龄（60～79岁）老年人的认知能力完全具有再开发的认知基础，也具备重新进入社会，寻找新的社会角色的机会和能力。他们不应该局限于“花鸟虫鱼”的消极养老的退休生活中，而是需要重新定位自己的社会角色。

从老年人自身来说，人进入老年，离开了在职岗位，有了追求自由选择和探索的机会，于是产生了凭借一生积累的知识和智慧来完善自己的愿望，他们有更充足的时间、精力和财富去追求自我完善。提升老年人综合素质、生存和发展能力、生活生命质量，促进终生而全面的发展，既是老龄化社会的需求，也是老年群体自我实现的途径（叶忠海，2020）。

从社会环境来说，由于转型升级后新型产业发展对劳动者体能的要求不断下降、劳动者受教育年限的逐步提高等客观因素，老年人力资源开发将受到越来越多的重视。他们所拥有的丰富的工作经验和较低的开发成本使人力资源开发具备了成本优势。

不论是实现个人愿望，满足自身兴趣，还是重新参与行业活动，都需要对老年人所缺失的知识和能力进行补偿，为其提供融入社会、体验有意义的生活、实现自身价值的环境，把老年人的“余热”和潜能挖掘出来，提高他们的生命质量和生存价值，使其能继续服务社会。

参考文献

[1] 张秀琴．家庭心理学思想的理论研究［D］．南京：南京师范大学，2008.

[2] 吴帆．家庭生命周期结构：一个理论框架和基于 CHNS 的实证［J］．学术研究，2012（9）：42-49.

[3] 李松涛．家庭教育的社会支持研究［D］．大连：辽宁师范大学，2014.

[4] 徐征，齐明珠．代际关系的影响因素及如何建立正向的代际关系［J］．人口与经济，2003（3）：55.

[5] 徐安琪．家庭结构与代际关系研究——以上海为例的实证分析［J］．江苏社会科学，2001（2）：150-154.

[6] 章燕玲．亲子沟通研究综述［J］．文教资料，2020（1）：164-165.

[7] 高超．新媒体环境下青春期学生家庭教育研究［D］．长春：吉林大学，2018.

[8] 张幸炜．父母角色双重缺失下农村留守儿童的社会化研究［D］．北京：首都经济贸易大学，2017.

[9] 邱小燕．父亲缺失案例分析［J］．科教导刊（下旬），2016（27）：138-139.

[10] 李璇．家庭教育中父亲“角色缺失”现状及问题研究［D］．贵阳：贵州大学，2016.

[11] 李晓萍．早期依恋对儿童心理发展的影响［J］．黑龙江科学，2013（7）：66-68.

[12] 陈红侠．亲子依恋理论视角下母爱缺失与青少年犯罪行为的关系探究［D］．北京：首都师范大学，2013.

[13] 关颖．合格家长的角色定位与指导策略［J］．教育导刊，2007（7）：58-60.

[14] 李维．霍尔论青少年心理发展的十大特征［J］．当代青年研究，1998（4）：35-37.